100 Rezepte

Japanische Küche

100 Rezepte

Japanische Küche

von

Grace Teed Kent

Unipart-Verlag · Stuttgart

Inhalt

BITTE BEACHTEN SIE:
Alle EL- und TL-Angaben sind Durchschnittswerte.
1 EL entspricht etwa 15 ml
1 TL entspricht etwa 5 ml
Es sind stets ein gestrichener EL oder TL gemeint.

Wenn in den Rezepten nicht anders angegeben, werden frische Kräuter verwendet. Wenn Sie mit getrockneten Kräutern würzen, verreiben oder mahlen Sie die Kräuter. So entfalten sie ihr Aroma besser.

Zuerst veröffentlicht

59 Grosvenor Street, London W1

Aus dem Englischen von Luzia und Michael Czernich

Satz: LibroSatz, Kriftel bei Frankfurt
Printed in Germany

ISBN 3 8122 0208 5

Innentitel: Rindfleisch-Gemüse-Topf (Seite 36)
und Mandelcreme mit Aprikosensauce (Seite 60)
(Foto: US National Live Stock and Meat Board)

Einführung

Die Inselgruppe, die das Land Japan bildet, ist vom Meer umgeben, das besonders fischreich ist. Deshalb spielen alle Sorten Fisch und die verschiedensten Meeresfrüchte eine große Rolle in der japanischen Küche. Nur ein kleiner Teil Japans ist für Getreideanbau geeignet, und so ist das Meer der wichtigste Nahrungsmittellieferant für die Japaner.

Trotz der begrenzten Anbaufläche sind Obst und Gemüse reichlich vorhanden, viele Sorten sind typisch japanisch. Einen großen Stellenwert haben auch Nebenprodukte aus der Sojabohne: Tofu, der Sojabohnenquark, wird häufig in der Küche verarbeitet, und helle Sojasauce dient zum Würzen vieler Speisen.

Die Zutaten ähneln denen der Küche in China. Während die Chinesen aber alle Zutaten miteinander vermischen, werden sie in Japan getrennt gereicht, damit jede Person ihr Menü selbst zusammenstellen kann. Ihre Speisen garen die Japaner häufig in Brühe oder im Wasserdampf, die Chinesen dagegen braten sie unter Rühren kräftig an.

Ein japanisches Mittag- oder Abendessen besteht aus Suppe, verschiedenen kleinen Fisch-, Huhn- oder Fleisch- und Gemüsegerichten. Dazu werden Reis, sauer eingelegte Gemüse und Salat gereicht. Stets sind die Portionen nicht übermäßig groß, aber zusammen ergeben sie ein sättigendes Hauptgericht.

Japanisches Salatgemüse ist in der Regel gekocht und gesäuert. Sauer einlegen ist in Japan ein wichtiges Konservierungsmittel, und die säuerlichen Gemüse sind eine Bereicherung der japanischen Reistafel.

Süßigkeiten und frische Früchte werden häufig zwischen den Mahlzeiten und nicht am Ende gegessen. Bei der Zubereitung wird sehr oft auf Tofu, Reis, Reismehl und Speisestärke aus Meeresalgen zurückgegriffen.

Japanisches Essen ist kräftig gewürzt und macht durstig. Tee der verschiedensten Sorten wird deshalb in großen Mengen zu den Mahlzeiten gereicht. Beliebt sind auch Sake, ein warmer Reiswein, und Bier.

Die japanische Küche mußte lange mit sehr wenig Brennstoff auskommen, denn es gibt wenig Holz und Kohle auf den Inseln. Das mag auch der Grund dafür sein, daß eine Reihe von Gerichten kalt oder roh serviert werden. Andere wieder werden nur kurz gegart.

Was uns Europäer bei der japanischen Küche wohl am meisten beeindruckt, ist die Art und Weise, wie die Speisen arrangiert werden. Man bezieht Formen und Farben der Zutaten mit ein und ordnet sie besonders appetitlich an, um den Eßgenuß noch zu steigern. Japanisches Geschirr und Porzellan mit seinen zarten und blumigen Farben macht sich dabei besonders hübsch.

Essen ist in Japan eine kleine Zeremonie, die Freunde und Verwandte um den niedrigen Tisch versammelt, auf dem viele kleine Schüsseln und Teller mit duftenden Köstlichkeiten stehen – nach Farbe und Symmetrie angeordnet, damit die Mahlzeit auch ein Fest für das Auge ist.

Suppen und Vorspeisen

Tempura
Fisch und Gemüse ausgebacken

500 g Hummerkrabben
1 mittelgroße Süßkartoffel, in Würfeln von 5 mm Stärke
1 kleine Aubergine, in Würfeln von 5 mm Stärke
8 Schoten Schnee-Erbsen
12 Pilze, ganz oder in Scheiben
8 Frühlingszwiebeln, geputzt und der Länge nach halbiert
12 Schoten grüne Bohnen, in 5 cm langen Stücken
Öl zum Ausbacken
Sauce zum Dippen:
350 ml Weißwein
3 EL Sojasauce
50 g weißer Rettich, gerieben
½ TL Ingwer, gerieben
2 TL ungesüßter Senf
Panade:
50 g Weizenmehl
50 g Maismehl
1½ TL Backpulver
½ TL Salz
1 Ei, geschlagen
200 ml Eiswasser
Garnierung:
4 EL pürierter weißer Rettich
3 EL frisch geriebener Ingwer

Tempura
(Foto: Karo Corn Syrup)

Die Hummerkrabben putzen und waschen, die Schwanzflosse nicht entfernen. Hummerkrabben und alle Gemüse mit Küchenkrepp trockentupfen.

Sauce zum Dippen: alle Zutaten in einer Kasserolle unter ständigem Rühren erhitzen. Warmhalten.

Panade: aus Mehl, Maismehl, Backpulver, Salz, Ei und Eiswasser einen dünnen Teig anrühren.

Das Öl in einer Friteuse auf 180° C erhitzen. Hummerkrabben und Gemüse einzeln in die Panade tauchen und schwimmend goldbraun ausbacken. Auf Küchenkrepp abtropfen lassen und heißstellen.

Die Dippsauce in 4 kleine Portionsschüsseln geben, desgleichen die Garnierung. Jede Person kann dann nach eigenem Geschmack ihre Speisen würzen.

Tempura können Sie jederzeit ergänzen durch Fisch, Zucchinistreifen, Spargelspitzen, Petersilienzweige und vieles andere.
Für 4 Personen

Hummerkrabben mit Spargel

4 bis 8 Hummerkrabben
Salz
3½ EL helle Sojasauce
½ EL Reiswein
4 bis 8 Spargelspitzen
1½ EL Essig
¼ TL Zucker
Cayennepfeffer
1 Prise Ingwerpulver

Die Hummerkrabben in kochendes Salzwasser geben und 5 Minuten kochen. Ein wenig abkühlen lassen, dann schälen und putzen. Sojasauce, Reiswein und 1 TL Salz in einer Schüssel anrühren. Die Hummerkrabben dazugeben und alles gut vermischen. 20 Minuten marinieren.

Unterdessen den Spargel weichkochen. Abtropfen lassen und mit kaltem Wasser abschrecken. Mit Küchenkrepp trockentupfen. Essig, Zucker, ¼ TL Salz und Cayennepfeffer verrühren, den Spargel dazugeben und alles gut vermischen.

Die Hummerkrabben mit Ingwer bestäuben und getrennt zu dem Spargel reichen.

Für 4 Personen

Nuta Negi

Frühlingszwiebeln mit Miso

2 Bund Frühlingszwiebeln
3 Streifen Wakame
15 Kamm-Muscheln, gekocht und geputzt
Sauce:
3 EL weiße Sojabohnenpaste (Miso)
3 EL japanische Brühe (Seite 12)
1 EL Reisessig
1 EL Wasser
1 TL ungesüßter Senf

Die Frühlingszwiebeln putzen und in kochendem Wasser 2½ Minuten blanchieren. Abtropfen lassen und das überschüssige Wasser ausdrücken. In 5 cm lange Stücke schneiden.

Wakame 10 Minuten in kaltem Wasser einweichen, unter fließendem Wasser abspülen und in dünne Streifen schneiden.

Die Saucenzutaten in einer Kasserolle verrühren und erhitzen. Unter Rühren eindicken lassen.

Frühlingszwiebeln, Kamm-Muscheln und Wakame in eine Schüssel geben und die Sauce vorsichtig unterheben. In Portionsschüsselchen servieren.

Für 4 Personen

Horenso Tamago Maki

Gerollte Spinat-Pfannkuchen

350 g Spinat
¾ TL helle Sojasauce
2 Eier, verquirlt
1 Prise Salz
1 TL Zucker
Öl zum Braten
helle Sojasauce zum Dippen

Den Spinat in kochendem Wasser etwa 1½ Minuten blanchieren. Abtropfen lassen und kalt abschrecken. Die harten Teile entfernen und alles überschüssige Wasser auspressen. In zwei Portionen teilen und jede zu einer langen Rolle formen.

Ei mit Salz und Zucker verrühren und in heißem Öl nacheinander zwei dünne Eierkuchen backen. Auf einen vorgewärmten Teller geben, die Spinatrolle auf den Rand legen und den Eierkuchen aufrollen. Wiederholen. Kaltstellen und mit der Sojasauce servieren.

Für 4 Personen

Yudofu
Sojabohnenquarkfondue

1 Stück Blattang, ca. 5 x 7,5 cm
1 kg Sojabohnenquark, gewürfelt
Sauce:
120 ml helle Sojasauce
4 EL japanische Brühe (Seite 12)
1½ EL süßer Reiswein
4 bis 6 Frühlingszwiebeln, fein gehackt
ein wenig frischer Ingwer, gerieben
einige Flocken getrockneter Blaufisch
2 Scheiben getrockneter Purpurtang (Nori)

Zuerst die Sauce zubereiten: Brühe, Sojasauce und Reiswein verrühren und nacheinander Frühlingszwiebeln, Ingwer, Blaufisch und Purpurtang dazugeben. In eine feuerfeste Servierschüssel geben.

Einen Fonduetopf voll Wasser erhitzen und darin den Blattang kurz aufkochen. Den Blatttang wieder herausnehmen und die Servierschüssel in die Mitte des Topfes stellen. Die Sojabohnenquarkwürfel in das kochende Wasser geben und garen. Herausnehmen und in die Sauce dippen.

Für 6 Personen

Gyoza Yaki
Gedünstete Teigtaschen

3 BLätter Chinakohl
250 g mageres Schweinehackfleisch
2 Frühlingszwiebeln, gehackt
1 Knoblauchzehe, zerdrückt
½ TL frische Ingwerwurzel, gerieben
2 EL helle Sojasauce
½ TL Salz
1 EL Sesamsamenöl
½ Packung Gyoza-Fladen
2 EL Pflanzenöl
Sauce zum Dippen:
2 EL Reisessig
2 EL ungesüßter Senf
2 EL helle Sojasauce
1 Prise Glutamat (nach Wunsch)

Die Chinakohlblätter in kochendem Wasser 2 Minuten blanchieren. Abtropfen lassen und alles überschüssige Wasser auspressen. Feinhacken und mit den übrigen Zutaten außer den Gyoza-Fladen und dem Öl vermengen. Die Mischung auf die Gyoza-Fladen geben und diese zu einem Halbmond zusammenklappen. Die Kanten mit Wasser befeuchten und fest verschließen.

Das Öl in einer Bratpfanne erhitzen und die gefüllten Teigtaschen so hineinschichten, daß sie ein wenig überlappen. Zudecken und etwa 5 Minuten dünsten.

Wasser aufgießen, bis die Taschen gerade bedeckt sind. Erneut zudecken und weiterdünsten, bis alles Wasser verdunstet ist.

Sauce anrühren und zu den heißen Teigtaschen reichen.

Für 4 Personen

Sashimi
Roher Fisch in Scheiben

750 g sehr frischer Seefisch: Seebrasse, Thunfisch, Heilbutt oder Rotbarsch
175 g weißer Rettich, in dünnen Streifen
4 bis 5 Frühlingszwiebeln, in dünnen Streifen
einige Schnee-Erbsen
einige Hummerkrabben samt Schale, gekocht
1 EL grüner Meerrettich (Wasabi)
1 EL frische Ingwerwurzel, gerieben
Zitronenschnitze
helle Sojasauce zum Abschmecken

Den Fisch häuten, sauber entgräten und von allen dunklen Teilen befreien. Filieren und in 5 mm dicke und ca. 2,5 cm lange Streifen schneiden.

Fisch mit Gemüsen und den Hummerkrabben auf einer Platte arrangieren. Den Meerrettich mit ein wenig Wasser zu einer Paste verrühren und zusammen mit Ingwer und Zitronenschnitzen ebenfalls auf der Platte anrichten. Sojasauce in kleinen Schüsseln getrennt reichen.

Jede Person mischt sich aus Sojasauce, Meerrettich und Ingwer ihren eigenen Dip für Fisch und Gemüse an.
Für 4 Personen

Ebishinjo
Hummerkrabbenbällchen

ca. 500 g Hummerkrabben, geschält
1 kleine Zwiebel, sehr fein gehackt
1½ EL Speisestärke
2 Eigelb
Mehl zum Bestäuben
Öl zum Ausbacken
Zitronenschnitze zum Garnieren

Die Hummerkrabben mit einem Messerrücken flachdrücken, dann feinhacken. Die Zwiebel in einem Stück Baumwollstoff gut ausdrücken. Zwiebel mit Hummerkrabbenfleisch und Speisestärke vermischen, dann die Eigelb untermengen.

Aus der Mischung 16 Bällchen formen und in dem Mehl wälzen. Gut abklopfen. Die Bällchen ein wenig breitdrücken. Das Öl in einer Friteuse auf 190° C erhitzen und darin die Hummerkrabbenbällchen unter einmaligem Wenden 2 Minuten braten. Auf Küchenkrepp abtropfen lassen und heiß servieren. Mit Zitronenschnitzen garnieren.
Für 4 Personen

Kyuri To Kani No Sunomono
Krabben und Gurken mit Essigsauce

1 Salatgurke, ca. 20 cm lang
¼ TL Salz
100 g Krabbenfleisch
Sauce:
5 EL Reisessig
4 EL Zucker
½ TL Salz
1 Prise Glutamat (nach Wunsch)
Garnitur:
1 EL Sesamsamen, geröstet
Zitronenschale, in dünnen Streifen

Die Gurke schälen und in sehr dünne Scheiben schneiden. Salzen und 20 Minuten ruhen lassen.

In einer Schüssel die Sauce anrühren.

Die Gurkenscheiben gut ausdrücken, bis alle Feuchtigkeit abgetropft ist. Die Sauce darübergeben, dann das Krabbenfleisch hinzufügen und alles leicht vermischen. Auf Portionsschüsselchen verteilen und mit Sesamsamen und Zitronenschnitzen garnieren.
Für 4 Personen

Sashimi

Dashi
Japanische Brühe

1 Stück Blattang, ca. 10 cm im Quadrat
gut 1 l kaltes Wasser
15 g getrockneter Blaufisch, in Flocken
1½ TL Salz
1 TL helle Sojasauce
1 Prise Glutamat (nach Wunsch)

Den Blattang unter fließendem Wasser abspülen und trockentupfen. Blattang mit dem Wasser zum Kochen bringen, Blattang herausnehmen. Diese Brühe, sie hält sich im Kühlschrank bis zu 8 Stunden, ist die Grundlage vieler japanischer Suppen.

Wenn die Brühe kräftiger sein soll, werden die Blaufischflocken dazugegeben. Die Brühe wird vom Feuer genommen und durch ein Stück Mull abgeseiht. Anschließend die restlichen Zutaten einrühren.
Ergibt 1 l Brühe

Eiersuppe

gut 1 l japanische Brühe (siehe oben)
2 TL helle Sojasauce
2 TL Speisestärke
2 TL Salz
2 Eier
1 Stück Ingwerwurzel, geschält und gerieben
1 Zweig Petersilie

Die Brühe in einem Topf erhitzen. Sojasauce, Speisestärke und Salz miteinander verrühren und zu der Brühe geben. Unter Rühren köcheln lassen, bis sie dick wird.

Die Eier schaumig schlagen. Mit einem Löffel in die köchelnde Brühe tropfen lassen. Der Eierstich soll an der Oberfläche schwimmen und nicht zu Boden sinken. Ingwer und Petersilienzweig dazugeben und heiß auftragen.
Für 4 bis 6 Personen

Miso Shiru
Bohnensuppe

200 bis 250 g weiße Sojabohnenpaste
gut 1 l japanische Brühe (siehe links)
1 Packung Sojabohnenquark (Tofu), in mundgerechten Bissen
1 Prise Glutamat (nach Wunsch)
grüne Teile einer Frühlingszwiebel, in feinen Streifen

Sojabohnenpaste und Brühe in einem Topf unter Rühren erhitzen, bis die Paste sich aufgelöst hat. Aufkochen, die Sojabohnenquarkwürfel dazugeben und heiß werden lassen.

Glutamat einrühren, die Suppe in vorgewärmte Schalen geben und mit der Frühlingszwiebel garnieren.
Für 4 Personen

Weißes Fischragout

200 g weißes Fischfilet
1 Eiweiß
1 l japanische Brühe (Seite 12)
1½ TL Salz
1 Prise Glutamat (nach Wunsch)
1 TL helle Sojasauce
250 g Spinat oder Chinakohl, feingehackt

Das Fleischfilet in einem Mörser zerdrücken oder mit einem Handmixer pürieren. Eiweiß, 150 ml Brühe, ½ TL Salz und Glutamat dazugeben und alles gut vermischen.

Die restliche Brühe mit dem restlichen Salz und der Sojasauce in einem Topf zum Kochen bringen. Die Fischmischung dazugeben, gut umrühren und dann Spinat bzw. Chinakohl hinzufügen. 1 Minute köcheln lassen. In Portionsschüsselchen servieren.
Für 4 bis 6 Personen

Sojabohnenquarksuppe

4 getrocknete Pilze
500 ml japanische Brühe (Seite 12) oder kräftige Hühnerbrühe
500 ml Wasser
2 EL Speisestärke
2 EL helle Sojasauce
2 EL süßer Reiswein oder Sherry
2 Scheiben Ingwerwurzel
500 g Sojabohnenquark, in Scheiben

Die Pilze abtropfen lassen und in Scheiben schneiden. Zusammen mit der Brühe, Wasser, Speisestärke, Sojasauce, Reiswein (Sherry) und der Ingwerwurzel unter Rühren aufkochen. Den Topf zudecken und 15 Minuten köcheln lassen.

Den Sojabohnenquark dazugeben und weitere 5 Minuten unter Rühren köcheln lassen. Den Ingwer herausnehmen.
Für 5 bis 8 Personen

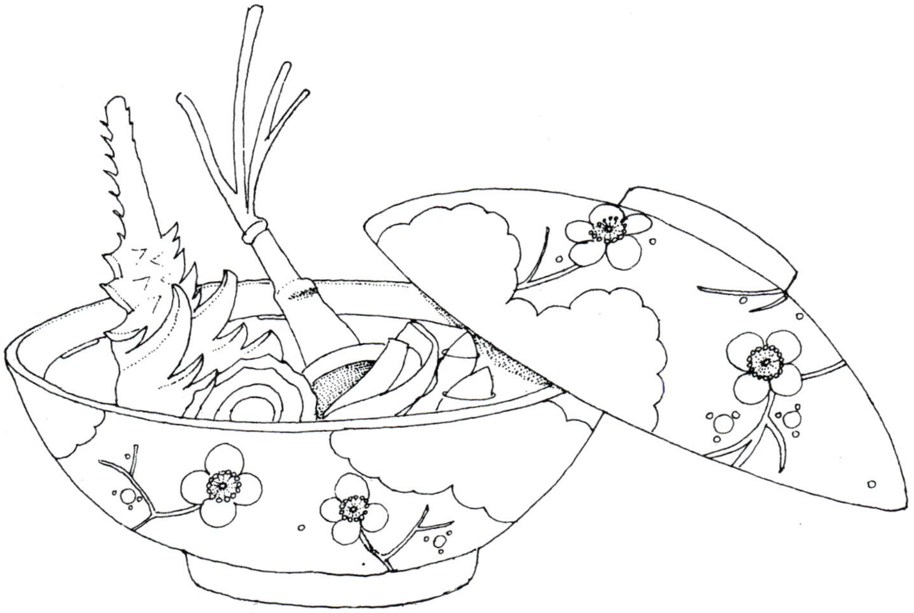

Fischgerichte

Shake No Kasuzuke
Marinierter Lachs

4 Lachssteaks
1½ TL Salz
450 ml Reisweinhefe
225 g Zucker
1 kleiner Kopf Salat, in Streifen
½ weißer Rettich, gerieben

Die Lachssteaks von beiden Seiten gut einsalzen und in einem fest verschlossenen Gefäß 4 Tage im Kühlschrank durchziehen lassen.

Abtropfen lassen und mit Küchenkrepp trokkentupfen. Reisweinhefe und Zucker miteinander vermischen und die Lachssteaks damit „panieren". Wieder in das Gefäß geben, gut verschließen und im Kühlschrank weitere 7 Tage durchziehen lassen.

Das meiste der Panade abschaben und die Lachssteaks unter einem vorgeheizten Grill von jeder Seite ca. 7 Minuten grillen, bis sich das Fleisch mit einer Gabel leicht lockern läßt.

Auf eine vorgewärmte Platte geben und mit Salat und weißem Rettich garnieren.
Für 4 Personen

Shio Yaki
Gebratener Fisch

1 Makrele oder Rotbarsch von ca. 750 g, geputzt und gewaschen
Salz
Zitronenschnitze

Nach Wunsch den Kopf entfernen, dann den Fisch von innen und außen kräftig mit Salz einreiben. 30 Minuten ruhen lassen.

Den Fisch auf beiden Seiten dreimal diagonal einschneiden und unter einem vorgeheizten Grill von jeder Seite ca. 5 Minuten grillen oder bis sich das Fleisch mit einer Gabel leicht lockern läßt.

Auf eine vorgewärmte Platte geben und mit Zitronenschnitzen garnieren. Sojasauce dazu reichen.
Für 4 Personen

Marinierter Fisch

3 EL Öl
3 EL Reisessig
1 EL helle Sojasauce
Pfeffer
4 Fischsteaks oder Fischfilets

Öl, Sojasauce, Essig und Pfeffer in einer flachen Schüssel verrühren. Den Fisch dazugeben und mit der Marinade gut bedecken. 20 Minuten marinieren.

Herausnehmen, trockentupfen und die Marinade beiseitestellen. In einer Pfanne bei mittlerer Hitze braten und vor dem Servieren nach Wunsch die Marinade darübergeben.
Für 4 Personen

Shio Yaki; Shake No Kasuzuke

Chiri Nabe
Fischtopf

1 Stück Blattang, ca. 15 cm im Quadrat
1,5 l Wasser
250 g Fischfilet (Kabeljau, Rotbarsch oder anderer heller Fisch), in mundgerechten Stücken
1 Bund Frühlingszwiebeln, diagonal geschnitten
4 Pilze (nur die Köpfe)
1 Scheibe Sojabohnenquark, in ca. 2,5 cm dicken Würfeln
4 Stangen Sellerie oder 4 Blätter Chinakohl, in 5 cm langen Stücken
Sauce zum Dippen:
120 ml helle Sojasauce
175 ml Zitronensaft
Zum Würzen:
gehackte Frühlingszwiebeln
geröstete Sesamsamen
frisch geriebener Ingwer
geriebener weißer Rettich (Daikon)
Siebenerlei-Gewürzpulver (Shichimi)

Den Blattang unter fließendem Wasser abspülen, trockentupfen und in einen Topf mit dem Wasser zum Kochen bringen. Den Fisch dazugeben und erneut aufkochen. Chinakohl oder Sellerie, Pilze, Frühlingszwiebeln, Sojabohnenquark und Sojasauce hinzufügen und abermals unter Rühren aufkochen. Die Gemüse sollen knackig bleiben, und der Fisch darf nicht zerkochen.

Sojasauce und Zitronensaft verrühren, in kleine Schüsseln füllen und verschieden würzen.

Den Fischtopf heiß auftragen und dazu gedämpften Reis reichen.
Für 4 Personen

Matsutake Dobin
Fisch mit Pilzen und Huhn

4 große japanische Pilze (Matsutake), ersatzweise Steinpilze, kleingeschnitten
1½ EL Reiswein
Salz
100 g helles Fischfilet, zerpflückt
100 g weißes Hühnerfleisch, durchgedreht
1 Bund Wasserkresse, gehackt
16 Gingko-Nüsse oder Eßkastanien, gekocht und gehackt
250 ml japanische Brühe (Seite 12)
1 EL helle Sojasauce
1 EL Zitronensaft zum Dippen

Die Pilze mit Reiswein und ¼ TL Salz vermischen. Ausdrücken, die Flüssigkeit aufheben. Den Fisch in der verbliebenen Flüssigkeit einige Male wenden, herausnehmen und ebenfalls ausdrücken. Ebenso mit dem Hühnerfleisch verfahren. Pilze, Fisch und Huhn in drei kleine feuerfeste Schalen geben, in eine Kasserolle stellen und die Marinade samt Wasserkresse, Gingko-Nüssen, Brühe, Sojasauce und ¾ TL Salz einfüllen. Zugedeckt 20 Minuten köcheln lassen.

Fisch, Pilze und Huhn werden in den Schüsselchen aufgetragen. Die Brühe wird getrennt in Suppenschalen gereicht.
Für 4 Personen

Kürbis mit Fischsauce

500 ml japanische Brühe (Seite 12)
1 TL Salz
2 TL helle Sojasauce
7 TL Zucker
1 Prise Glutamat (nach Wunsch)
ca. 1 kg Kürbis, geschält und entkernt in 5 Stücken
220 g weiße Sojabohnenpaste
2 EL Reiswein
1 EL Wasser
200 g Hummerkrabben, geschält und kleingehackt

In einem Topf Brühe, Salz, Sojasauce, 1 TL Zucker und Glutamat zum Kochen bringen. Kürbisstücke dazugeben und zugedeckt weichkochen. Vom Feuer nehmen und noch zugedeckt 20 Minuten stehen lassen.

In einer Kasserolle die Sojabohnenpaste, Wein, Wasser, Hummerkrabbenfleisch und den restlichen Zucker erhitzen und die Hummerkrabben unter Rühren weichdünsten.

Die Kürbisstücke in vorgewärmte Portionsschüsseln geben. Die Kochbrühe darübergießen und die Kürbisstücke mit der Sauce bedecken.
Für 5 Personen

Japanische Gemüse mit Hummerkrabben

ca. 400 bis 500 g Hummerkrabben
1 Paket tiefgekühltes japanisches oder chinesisches Gemüse, ersatzweise europäische Gemüsemischung, die mit Zucker und Sojasauce nachgewürzt wird
2 EL Öl
1 kleine Knoblauchzehe, zerdrückt
3 EL Wasser

Die Hummerkrabben schälen, dabei den Schwanz am Leib belassen. Putzen und einen Schnitt durch den Körper machen, den Schwanz durch diesen Schnitt ziehen.

Die gefrorene Gewürzmischung der Gemüse zur Seite legen. Das Öl in einer Pfanne oder einem Wok erhitzen und darin Knoblauch und Gemüse kräftig anschmoren, bis alles gut mit Öl bedeckt ist. Die Hummerkrabben darübergeben, zudecken und ca. 4 Minuten garen lassen. Den Deckel abnehmen, die Gewürzmischung und das Wasser hinzufügen und unter Rühren noch 30 Sekunden erhitzen. Mit Reis servieren.
Für 3 Personen

Hummerkrabben mit Spinat und Wasserkastanien

2 EL Öl
350 g Hummerkrabben, geschält, geputzt und der Länge nach halbiert
3 bis 4 Stangen Sellerie, diagonal geschnitten
2 Zwiebeln, in dünnen Ringen
250 g Spinat
4 EL helle Sojasauce
300 ml japanische Brühe (Seite 12) oder Hühnerbrühe
2 EL Speisestärke
Pfeffer
ca. 225 g Wasserkastanien aus der Dose, abgetropft und in Scheiben

Das Öl in einer Kasserolle oder einem Wok erhitzen. Die Hummerkrabben darin unter Rühren anbraten, bis sie eine rosa Farbe angenommen haben. Sellerie und Zwiebeln dazugeben und alles unter Rühren 2 Minuten braten. Den Spinat darüberlegen und zugedeckt 1 Minute dämpfen.

Sojasauce, Brühe, Speisestärke und Pfeffer verrühren und zusammen mit den Wasserkastanien an die Hummerkrabben geben. Gut zwei Minuten köcheln lassen oder bis die Sauce klar ist. Heiß auftragen. Dazu Reis servieren.
Für 6 Personen

Gedämpfter Fisch mit Ingwer

1,5 kg helles Fischfilet, in mundgerechten Bissen
1 EL frisch geriebener Ingwer
2 TL Salz
4 Frühlingszwiebeln
5 EL Pflanzenöl, angewärmt
5 EL helle Sojasauce
Frühlingszwiebelsträußchen zum Garnieren

Den Fisch abspülen, trockentupfen und in eine feuerfeste Form geben. Salz und Ingwer darüberstreuen und mit den Frühlingszwiebeln bedecken. Die Form in ein kochendes Wasserbad stellen, zudecken und den Fisch 5 bis 10 Minuten dämpfen oder bis sich das Fleisch mit einer Gabel leicht lockern läßt.

Den Fisch herausnehmen, die Zwiebeln entfernen und den Fisch auf eine vorgewärmte Platte geben. Öl und Sojasauce vermischen und über den Fisch gießen. Mit Frühlingszwiebelsträußchen garnieren und dazu Reis servieren.

Für 6 Personen

Nizakana
Geschmorter Lachs

1 EL Öl
1 kg Lachs, in Portionsstücken
1 Zwiebel, grob gehackt
1½ EL Reiswein
2 EL Wasser
4 EL helle Sojasauce
2½ EL Zucker
1 EL frisch geriebener Ingwer
1 Prise Glutamat (nach Wunsch)

Das Öl in einer Pfanne erhitzen, Fisch und Zwiebel dazugeben. Die restlichen Zutaten vermischen und darübergießen.

Zugedeckt etwa 10 Minuten schmoren oder bis sich das Fleisch mit einer Gabel leicht lockern läßt. Heiß auftragen.

Für 4 Personen

Nioroshi
Fisch und Sojabohnenquark

350 g helles Fischfilet, in Stücken
Mehl zum Bestäuben
750 g sahniger Sojabohnenquark (Kinugoshi), in Scheiben und diese in Viertel geschnitten
Öl zum Ausbacken
Sauce:
500 ml japanische Brühe (Seite 12)
5 EL helle Sojasauce
3 EL süßer Reiswein
geriebener weißer Rettich (Daikon), ausgedrückt
Garnitur:
Frühlingszwiebel, fein gehackt
Zitronenschnitze

Den Fisch leicht mit Mehl bestäuben. Die Sojabohnenquarkstücke in einem Sieb oder in einem Stück Stoff abtropfen lassen. Öl in einer Friteuse auf 180°C erhitzen und darin Fisch und Sojabohnenquark goldbraun braten.

Unterdessen die Sauce anrühren: Brühe, Sojasauce und Reiswein in einer Kasserolle aufkochen. Vom Feuer nehmen und den Rettich unterrühren.

Fisch und Sojabohnenquark auf Küchenkrepp abtropfen lassen und auf einer vorgewärmten Platte anrichten. Die Sauce darübergeben und mit Frühlingszwiebel und Zitronenschnitzen garnieren.

Für 6 Personen

Gedämpfter Fisch mit Ingwer
(Foto: US National Marine Fisheries Service)

Pochierter Fisch mit Gemüse

1 kg heller Fisch am Stück
450 ml Wasser
4 EL helle Sojasauce
1½ EL Reiswein
100 g Erbsen
100 g Blumenkohl, in kleinen Röschen oder
100 g Kraut, geschnitten

Den Fisch putzen und waschen und den Kopf abschneiden. Den Fischkörper der Länge nach in drei Stücke teilen. In einer großen Kasserolle Wasser, Reiswein und Sojasauce aufkochen, die Fischstücke dazugeben und 7 Minuten ziehen lassen.

Erbsen und Blumenkohl oder Kraut hinzufügen und etwa noch 5 Minuten köcheln lassen, bis die Gemüse weich sind, aber noch einen Biß haben.

Für 4 bis 6 Personen

Muscheln und Zwiebeln

350 g kleine Zwiebeln
4 EL Sojabohnenpaste
2 EL Zucker
2 EL japanische Brühe (Seite 12)
2 EL Essig
2 Dutzend Miesmuscheln, gekocht, ohne Schalen

Die Zwiebeln in Wasser weichkochen und gut abtropfen lassen.

Sojabohnenpaste, Zucker, Brühe und Essig in einer Kasserolle erhitzen. Muscheln und Zwiebeln dazugeben und alles gut vermischen. In Portionsschüsseln servieren.

Für 4 Personen

Sakana Nitsuke

Pochierte Kamm-Muscheln

250 ml helle Sojasauce
3 EL Zucker
2 TL frisch geriebener Ingwer
½ TL Glutamat (nach Wunsch)
500 g Kammuscheln, je nach Größe geviertelt

Sojasauce, Zucker, Ingwer und Glutamat in einer Kasserolle aufkochen. Die Muscheln dazugeben und köcheln, bis alle Flüssigkeit verkocht ist. Heiß auftragen.

Für 4 bis 6 Personen

Hamaguri Yaki

Gebackene Venusmuscheln

120 ml Sojasauce
120 ml Reiswein
1 EL rote Sojabohnenpaste, verdünnt mit 3 EL Wasser
3 EL Zucker
¼ TL Glutamat (nach Wunsch)
24 Venusmuscheln, gekocht, ohne Schalen
2 EL Öl

Sojasauce, Reiswein, Sojabohnenpaste, Zucker und Glutamat in einer Kasserolle unter Rühren aufkochen. Vom Feuer nehmen.

Die Muscheln in die Sauce tauchen und auf ein eingeöltes Backblech legen. 2 Minuten auf jeder Seite im vorgeheizten Rohr (Grill) backen. Heiß auftragen und die restliche Sauce als Dip reichen.

Für 4 bis 6 Personen

Fischreis

350 g heller Fisch am Stück
1 l Wasser
4 EL Reiswein
Salz
ca. 650 g Langkornreis
2 getrocknete Pilze, eingeweicht
4 Spinatblätter oder Petersilienzweige
350 ml japanische Brühe (Seite 12)
1/4 TL helle Sojasauce
1 Stange Lauch, gekocht und fein gehackt

Den Fisch quer in drei Stücke schneiden und samt Kopf- und Schwanzstück mit dem Wasser in eine Kasserolle geben. Aufkochen und köcheln lassen, bis sich das Fleisch mit einer Gabel leicht lockern läßt. Herausnehmen und das Fleisch von Haut und Gräten befreien. Zur Seite stellen.

Die Kochflüssigkeit durchseihen und zurück in die Kasserolle geben. Reiswein und 1 1/4 EL Salz dazugeben und aufkochen. Reis hinzufügen, aufkochen und den Reis 10 Minuten garen. Das ausgelöste Fischfleisch dazugeben und weitere 10 Minuten kochen, bis alle Flüssigkeit verdampft ist.

Inzwischen die Pilze abtropfen lassen und die harten Stiele abschneiden. Die Köpfe zusammen mit Spinat oder Petersilie in Wasser weichkochen. Abtropfen lassen.

Die japanische Brühe zu der Pilzbrühe geben, Sojasauce und 1/4 TL Salz dazugeben und aufkochen. Pilze und Spinat hinzufügen und warmhalten.

Den Fischreis in Portionsschüsseln geben, die Brühe darübergießen und mit dem Lauch bestreuen.

Für 4 bis 6 Personen

Kabuto-age

Hummer und Gemüse „in der Rüstung"

1 ganzer Hummer
2 bis 3 getrocknete japanische Pilze (Shiitake), eingeweicht, abgetropft und kleingeschnitten
1 kleine Karotte, in 2,5 cm langen Stücken
1 bis 2 Bambussprossen aus der Dose, in Scheiben
1 TL helle Sojasauce
1 TL Reiswein
1/2 TL Zucker
1 EL japanische Brühe (Seite 12)
1 Ei
1 große Prise Glutamat (nach Wunsch)
1 Prise Salz
Öl zum Ausbacken
einige gekochte Erbsen
4 EL Semmelbrösel
Zitronenschnitze zum Garnieren

Den Hummer in reichlich kochendes Wasser geben und 15 Minuten garen. Herausnehmen, abtropfen und abkühlen lassen. Körper und Scheren vom Fleisch befreien und alle Innereien entfernen. Den Panzer beiseitestellen und das Fleisch kleinhacken.

Pilze und Karotte 2 Minuten in wenig Wasser weichkochen. Bambussprossen dazugeben und Sojasauce, Wein, Zucker und Brühe darübergeben. Alles gut vermischen.

Das Ei mit dem Glutamat verschlagen und in einer leicht eingefetteten Pfanne unter Rühren backen. Die Pfanne vom Feuer nehmen und Gemüse, Erbsen und Hummerfleisch mit dem Ei vermengen. Mit dieser Mischung den Hummer füllen und die Öffnungen mit Semmelbröseln bedecken. Das Öl in einer Friteuse auf 190°C erhitzen und darin den Hummer goldbraun braten.

Abtropfen lassen und heiß mit Zitronenschnitzen garniert servieren.

Für 1 Person

Süß-scharfer Fisch

1 kg heller Fisch, in Portionen
Mehl zum Bestäuben
3 EL Öl
1 mittelgroße Zwiebel, in dünnen Ringen
1 halbe Peperoni, entkernt und in dünnen Scheiben
175 ml Essig
175 ml Wasser
100 g Zucker
1½ TL Ingwerpulver
1 TL Salz

Die Fischstücke bemehlen. Öl in einer großen Pfanne erhitzen und darin die Zwiebelringe hellbraun braten. Herausnehmen und zur Seite stellen.

Die Fischstücke von einer Seite in dem Öl kräftig anbraten, wenden und mit den Zwiebelringen und Peperonischeiben bedecken.

Die restlichen Zutaten verrühren und über den Fisch geben. Den Fisch etwa 10 Minuten ziehenlassen oder bis sich das Fleisch mit einer Gabel leicht lockern läßt.
Für 6 Personen

Fischomelett

100 g helles Fischfilet
¼ TL Salz
3 EL Zucker
4 Eier, verquirlt
4 EL japanische Brühe (Seite 12)
2½ EL helle Sojasauce
1½ EL Reiswein
geriebener weißer Rettich (Daikon)
gemahlener Ingwer

Den Fisch zerpflücken und mit Salz und Zucker vermischen. Ei, Brühe, 1½ EL Sojasauce und Reiswein dazugeben und alles gut miteinander vermengen. Die Mischung in eine flache feuerfeste Form geben und im vorgeheizten Rohr bei 180°C 10 bis 20 Minuten backen.

Das Omelett auf eine Bambusmatte oder ein sauberes Geschirrtuch stürzen und aufrollen. Abkühlen lassen und in ca. 1 cm dicke Scheiben schneiden. Die restliche Sojasauce mit Rettich und Ingwer vermischen und in 4 kleine Schüsseln geben. Als Dip zu den Omelettscheiben reichen.
Für 4 Personen

Fisch-Ananas-Kebabs

1 Dose (ca. 425 g) Ananasstücke
120 ml helle Sojasauce
4 EL Reiswein oder trockener Sherry
2 EL brauner Zucker
1 EL frische Ingwerwurzel, gerieben
1 EL ungesüßter Senf
1 Knoblauchzehe, zerdrückt
1 kg Kabeljau, in ca. 2,5 cm großen Würfeln
1 grüne Paprikaschote, entkernt, in ca. 2,5 cm großen Stücken

Die Ananasstücke abtropfen lassen und 4 TL Saft aufbewahren. Diesen mit Sojasauce, Wein oder Sherry, Ingwer, Senf und Knoblauch in einer flachen Schüssel verrühren. Die Fischwürfel dazugeben, alles gut vermischen und im Kühlschrank zugedeckt 1 Stunde marinieren lassen.

Die Fischwürfel abtropfen lassen und die Marinade aufbewahren. Abwechselnd Paprika-, Fisch- und Ananasstücke auf Holzspieße stecken. Über dem Holzkohlengrill oder unter einem Küchengrill grillen, bis sich das Fleisch leicht mit einer Gabel lockern läßt. Zwischendurch häufig mit der Marinade bestreichen. Heiß servieren und Reis dazu reichen.
Für 6 Personen

Fisch-Ananas-Kebabs
(Foto: US National Marine Fisheries Service)

Räucherfisch-Omelett

500 g Räucherfisch, ohne Haut und Gräten
1 Dose (ca. 425 g) Bohnensprossen, abgetropft
6 Eier, verquirlt
4 bis 6 Frühlingszwiebeln, gehackt
Pfeffer
Öl zum Braten
1 EL Sesamsamen, geröstet
Sauce:
2 Würfel Hühnerbrühe
½ EL Zucker
450 ml kochendes Wasser 2 EL Speisestärke
2 EL helle Sojasauce

Den Fisch zerpflücken und mit Bohnensprossen, Eiern und Frühlingszwiebeln vermengen. Mit Pfeffer abschmecken.

Eine Pfanne leicht einölen und erhitzen. Ein Drittel der Fischmischung hineingeben und 2 bis 3 Minuten backen, bis der Boden goldbraun ist. Vorsichtig wenden und ebenfalls goldbraun backen. Auf Küchenkrepp abtropfen lassen und warmstellen, während zwei weitere Omeletts auf die gleiche Art gebacken werden.

Die Brühwürfel mit dem Zucker in kochendem Wasser auflösen. Sojasauce mit Speisestärke anrühren und zu der Brühe geben. Die Sauce rühren, bis sie dick und klar ist. Über die Omeletts geben und mit den Sesamsamen bestreuen.
Für 6 Personen

Meeresfrüchte-Gemüse-Salat

3 frische japanische Pilze (Shiitake)
1 kleiner Kopfsalat, gewaschen und zerpflückt
3 Rettiche, in dünnen Scheiben
1 Salatgurke, in Scheiben
je 200 g Thunfisch und Krabben aus der Dose, abgetropft
Sauce:
250 ml fertige Salatsauce „Vinaigrette"
100 g Sesamsamen, zerstoßen
einige Tropfen helle Sojasauce
einige Tropfen japanische Brühe (Seite 12)
einige Tropfen süßer Reiswein

Die Pilze für 2 bis 3 Minuten in kochendes Wasser geben. Abtropfen und abkühlen lassen, dann in dünne Scheiben schneiden. Die Gemüse ca. 15 Minuten in kaltes Wasser legen, bis sie knackig sind.

Inzwischen die Zutaten für die Sauce gut miteinander vermengen.

Die Gemüse gut abtropfen lassen und in einer flachen Schüssel arrangieren. Die Meeresfrüchte darauflegen und mit der Sauce übergießen.
Für 6 Personen

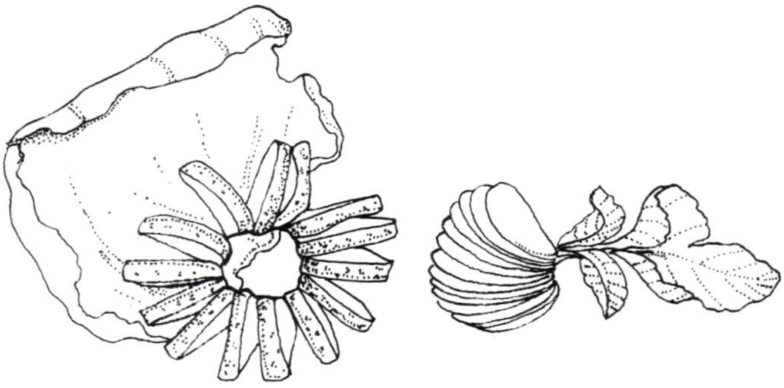

Chirashi-zushi

Thunfisch und Makrele mit Gemüse und Reis

2 Eier
Salz
200 g Zucker
7½ EL japanische Brühe (Seite 12)
Öl zum Braten
40 g rote Kidney Bohnen, eingeweicht und gekocht oder aus der Dose, abgetropft
100 g Thunfisch oder Lachs aus der Dose, naturell, abgetropft
100 g Makrelenfilet ohne Haut
15 g getrocknete Pilze, ca. 30 Minuten in warmem Wasser eingeweicht
40 g getrocknete Kürbisschnitze
15 g Sojabohnenquark (Tofu)
3½ EL helle Sojasauce
1 Karotte, in dünnen Scheiben
75 g Lotuswurzel oder Kastanien, geschält und gehackt
5 EL Essig
675 g gedämpfter Reis (Seite 57)
zerstoßene rote Ingwerwurzel

Die Eier mit ⅛ TL Salz, ¼ TL Zucker und 1½ TL Brühe verschlagen. Eine Pfanne leicht einölen und erhitzen. Die Eimischung hineingeben und von beiden Seiten zu einem Omelett backen. Auf Küchenkrepp abtropfen lassen und in Streifen schneiden.

Die Bohnen mit ¼ TL Salz und ¾ TL Zucker vermischen.

Thunfisch oder Lachs zerpflücken und in eine kleine feuerfeste Form geben. Reiswein, TL Salz und 1 EL Zucker dazugeben und die Form in ein heißes Wasserbad stellen. Den Fisch erwärmen und warmhalten.

Das Makrelenfilet mit 1 EL Salz einreiben. In kochendem Wasser pochieren, bis das Fleisch sich mit einer Gabel leicht lockern läßt. Abtropfen lassen und zerpflücken.

Die Pilze abtropfen lassen, harte Teile entfernen und in mundgerechte Stücke schneiden. Sojabohnenquark in einem Tuch abtropfen lassen, ausdrücken und mit einer Gabel zerpflücken. Sojasauce, 3½ EL Zucker und die Hälfte der Brühe an die Pilze geben und alles gut vermengen.

Die restliche Brühe zusammen mit ¼ TL Salz und 1 EL Zucker mit den Karotten vermischen.

Lotuswurzel oder Kastanien zusammen mit 1 EL Essig, 1 EL Zucker und ¼ TL Salz anschmoren.

Den Reis mit dem restlichen Essig und 1 EL Salz vermischen.

Reis in 4 Portionsschüsseln geben und nacheinander Bohnenquark, Makrele, Pilze, Lotuswurzel oder Kastanien, Karotten, Bohnen, Thunfisch oder Lachs, Omelett und Ingwer darauf garnieren.

Für 4 Personen

Urauchi Shiitake

Mit Garnelen gefüllte Pilze

250 ml japanische Brühe (Seite 12)
1½ EL helle Sojasauce
1 EL Zucker
30 g getrocknete Pilze, ca. 30 Minuten in warmem Wasser eingeweicht
350 g Garnelen, gekocht, geschält und gehackt
1 Eiweiß
1 TL Speisestärke
1 TL Salz
1 Prise Glutamat (nach Wunsch)
Mehl zum Bestäuben

Brühe, Sojasauce und Zucker in einer Kasserolle zum Kochen bringen. Die Pilze von den Stielen befreien und die Kappen in die Kochflüssigkeit geben. Weichkochen, dann herausnehmen und abtropfen lassen.

Garnelenfleisch, Eiweiß, Speisestärke, Salz und Glutamat gut vermengen. Die Innenseite der Pilzköpfe mit Mehl bestäuben und mit der Garnelenmischung füllen. Im Dampfbad ca. 10 Minuten erhitzen.

Für 4 bis 6 Personen

Geflügelgerichte

Mizutaki
Huhn in der Brühe

8 getrocknete Pilze, ca. 20 Minuten in warmem Wasser eingeweicht
1 bis 1½ kg schweres Huhn, ohne Haut und Knochen, in ca. 2,5 cm dicken Würfeln
1 grüne Paprikaschote, entkernt, in Streifen
½ Gurke, in Streifen
einige Karotten, in Scheiben
einige Schnee-Erbsen
1 Packung Sojabohnenkäse, in ca. 2,5 cm dicken Würfeln
1 mittelgroßer Chinakohl, in ca. 2,5 cm großen Stücken
einige Frühlingszwiebeln, längs in ca. 5 cm lange Stücke geschnitten
1 l japanische Brühe (Seite 12)
1 EL Reiswein

Sesamsauce:
1 EL weiße Sojabohnenpaste
4 EL Sesamsamen, geröstet und gemahlen
3 EL süßer Reiswein
1 EL Zucker
2½ EL helle Sojasauce
120 ml japanische Brühe (Seite 12)
½ TL Öl

Die Pilze abtropfen lassen, die harten Teile entfernen und die Köpfe in Streifen schneiden.

Hühnerfleisch, Gemüse und Sojabohnenquark auf einer Platte arrangieren.

Die Sauce anrühren und in 4 Portionsschüsselchen geben.

Die Brühe in einer Kasserolle aufkochen und den Reiswein einrühren. Alles in einen Fonduetopf schütten. Den Topf auf die Feuerstelle geben und in der Brühe das Hühnerfleisch 15 Minuten garen.

Jede Person bedient sich selbst aus dem Topf und gart verschiedene Gemüse in der Brühe nach eigenem Wunsch. Die Sauce wird als Dip gereicht.

Für 4 Personen

Mizutaki

Huhn- und Gemüse-Sushi

ca. 600 g gedämpfter Reis (Seite 57)
4 EL gewürzter Reisessig
1 EL Öl
2 Hühnerbrüste, ohne Haut, geschnetzelt
1 Karotte, diagonal in dünne Streifen geschnitten
12 Fadenbohnen, diagonal in dünne Streifen geschnitten
5 Pilze, in Scheiben
1 TL Zucker
3 EL helle Sojasauce
1 TL Glutamat (nach Wunsch)

Den Reis abkühlen lassen und anschließend mit dem Essig vermengen.

Das Öl in einer Pfanne erhitzen und darin das Hühnerfleisch hellbraun anbraten. Karotten und Bohnen hinzufügen und ca. 10 Minuten unter Rühren weiterbraten. Pilze dazugeben und weitere 2 Minuten braten. Zucker, Sojasauce und Glutamat unterrühren, vom Feuer nehmen und abkühlen lassen. Den Reis untermengen.

Für 6 Personen

Huhn Oharame
Gebackenes Huhn mit Purpurtang

175 g Hühnerbrust, ohne Haut
1 EL helle Sojasauce
1 EL Reiswein
1 Stück Purpurtang (Nori), in 1 cm breiten Streifen
1 Eiweiß, leicht geschlagen
Öl zum Ausbacken

Die Hühnerbrust flachklopfen und in dünne Scheiben schneiden. Mit Sojasauce und Reiswein vermischen und 1 Stunde marinieren lassen.

4 bis 5 Stück Hühnerfleisch in die Hand nehmen. Mit der anderen Hand ein Stück Tang durch das Eiweiß ziehen und um das Hühnerfleisch wickeln. Mit dem restlichen Fleisch und Tang ebenso verfahren.

Das Öl in einer Kasserolle stark erhitzen und darin die Huhn-Tang-Stücke ausbacken. Auf Küchenkrepp abtropfen lassen.

Für 4 bis 6 Personen

Chawanmushi
Huhn-Ei-Suppe

1/2 Hühnerbrust, ohne Haut, in 8 Stücken
2 TL helle Sojasauce
ca. 400 ml japanische Brühe (Seite 12)
1 1/2 TL süßer Reiswein
1/2 TL Salz
1 Prise Glutamat (nach Wunsch)
3 Eier, leicht verquirlt
4 Scheiben japanischer Fischkuchen (Kamaboko)
4 Pilze, in Scheiben
25 g Bambussprossen aus der Dose, abgetropft und in Scheiben
4 Schnee-Erbsen oder Wasserkressezweige zum Garnieren

Das Hühnerfleisch in eine Schüssel geben, die Hälfte der Sojasauce untermischen und marinieren lassen.

Unterdessen Brühe, Reiswein, die restliche Sojasauce, Salz, Glutamat und Eier gut miteinander vermischen.

Das Hühnerfleisch in 4 kleine feuerfeste Schüsseln geben und gleichmäßig darauf Fischkuchen, Pilze und Bambussprossen verteilen. Mit dem geschlagenen Ei bedecken und mit Schnee-Erbsen oder Wasserkresse garnieren.

Mit Alufolie bedecken und in ein heißes Wasserbad stellen. Ca. 15 Minuten garen. Heiß auftragen.

Für 4 Personen

Huhn-Pilz-Kuchen

250 g Hühnerfleisch, durchgedreht
2 getrocknete Pilze, ca. 30 Minuten in warmem Wasser eingeweicht, abgetropft und durchgedreht
25 g Bambussprossen, durchgedreht
1 Frühlingszwiebel, durchgedreht
1 EL helle Sojasauce
1½ TL Reiswein
1½ TL Zucker
½ TL Salz
1 Prise Glutamat (nach Wunsch)
1 Ei, verquirlt
Mohnsamen

Hühnerfleisch, Gemüse, Sojasauce, Reiswein, Zucker, Salz, Glutamat und Ei gut miteinander vermischen. Auf ein Backblech geben und zu einem Kuchen von ca. 2 cm Höhe ausstreichen. Mit den Mohnsamen bestreuen und im vorgeheizten Rohr bei 180°C etwa 30 Minuten backen. Der „Kuchen" sollte eine goldbraune Farbe haben. Herausnehmen, abkühlen lassen und in 10 Stücke schneiden.
Für 5 Personen

Hühnerreis

3½ EL helle Sojasauce
2 EL süßer Reiswein
200 g Hühnerbrustfleisch, gekocht und geschnetzelt
1 l frische Hühnerbrühe aus Hühnerklein
450 g Reis, mittelgroßes Korn

Sojasauce und Reiswein in einer Schüssel verrühren, Hühnerfleisch dazugeben und alles gut vermischen. 15 bis 20 Minuten marinieren. Das Fleisch wieder herausnehmen, abtropfen lassen und beiseitestellen. Marinade aufbewahren.

Die Brühe in einem Topf aufkochen und die Marinade einrühren. Den Reis hineingeben und zugedeckt ca. 20 Minuten köcheln lassen. Der Reis sollte alle Flüssigkeit aufgesogen haben.

In Portionsschüsseln verteilen und das marinierte Fleisch darübergeben.
Für 4 bis 6 Personen

Oyako Domburi
Huhn und Eier mit Reis

250 ml japanische Brühe (Seite 12)
3 EL helle Sojasauce
2 EL Reiswein
100 g Hühnerbrustfleisch, geschnetzelt
½ mittelgroße Zwiebel, geschnitten
100 g Pilze, geschnitten
350 g Reis, mittelgroßes Korn, gekocht und noch heiß
4 Eier, leicht geschlagen
1 Prise Glutamat (nach Wunsch)
einige gehackte Frühlingszwiebeln zum Garnieren

Die Brühe in einer Kasserolle aufkochen. Sojasauce, Reiswein, Hühnerfleisch, Zwiebel und Pilze dazugeben und alles etwa 5 Minuten köcheln lassen.

Inzwischen den Reis in 4 Portionsschüsseln geben und diese warm stellen.

Die Eier an die Brühe geben und leicht umrühren. Glutamat hinzufügen und unter Rühren halb fest werden lassen. Die Mischung über den Reis geben und mit Frühlingszwiebeln garnieren. Sofort auftragen.
Für 4 Personen

Gurke mit Huhn gefüllt

15 kleine Gurken, etwa 15 cm lang
Öl zum Braten
250 g Hühnerfleisch, durchgedreht
1 EL feingehackte Frühlingszwiebeln
1½ EL weiße Sesamsamen, geröstet
1 kleine rote Paprikaschote, entkernt und fein gehackt
1½ TL helle Sojasauce
1 TL Zucker
1½ TL Salz
1 Prise Glutamat (nach Wunsch)
600 ml japanische Brühe (Seite 12)
1 EL Speisestärke
1 EL Wasser

Bei jeder Gurke an beiden Enden ein Stück abschneiden und rundherum der Länge nach sechsmal einschneiden. Etwas Öl in einer Pfanne erhitzen und die Gurken darin portionsweise von allen Seiten goldgelb anbraten. Auf Küchenkrepp abtropfen lassen.

Hühnerfleisch, Frühlingszwiebeln, Sesamsamen, Paprika, Sojasauce, ½ TL Salz und Glutamat gut vermengen und die Mischung in die Schlitze der Gurken füllen, so daß diese sich aufblähen. Die Füllung fest andrücken.

Die Brühe mit dem restlichen Salz in einer großen Kasserolle aufkochen. Die Gurken dazugeben und etwa 20 bis 30 Minuten köcheln lassen oder bis die Füllung gar ist. Die Gurken herausnehmen, abtropfen lassen und in Portionsschüsseln verteilen. Die Kochflüssigkeit mit der Speisestärke verrühren und andicken. Über die Gurken geben und sofort servieren.
Für 5 Personen

Yakitori
Hühnerspieße

4 EL Maissirup
4 EL helle Sojasauce
2 EL trockener Weißwein
1½ TL geriebener frischer Ingwer oder ½ TL Ingwerpulver
1 kleine Knoblauchzehe, zerdrückt
4 Hühnerbrüste ohne Haut und Knochen, in Würfeln von etwa 3,5 cm Stärke

Sirup, Sojasauce, Wein, Ingwer und Knoblauch in einer flachen Schüssel verrühren. Das Hühnerfleisch dazugeben und alles gut vermischen. Zudecken und einige Stunden oder über Nacht im Kühlschrank marinieren lassen. Ab und zu wenden.

Die Hühnerstücke auf 4 Metall- oder Bambusspieße stecken. Bambusspieße müssen zuvor 15 Minuten gewässert werden. Die Spieße auf einen glühenden Holzkohlengrill oder unter einen Küchengrill legen. Unter häufigem Wenden etwa 5 Minuten grillen. Ab und zu mit der Marinade bestreichen.
Für 4 Personen

Anmerkung: Statt Huhn können Sie auch Filet oder festen Fisch nehmen. Die Marinade paßt auch hierzu.

Huhn-Rind- und Fischyakitori
(Foto: Karo Corn Syrup)

Huhn mit Hummerkrabben und Gemüse

4 große Hummerkrabben
175 ml japanische Brühe (Seite 12)
3 EL helle Sojasauce
3 EL Zucker
24 Schoten Schnee-Erbsen
250 g Hühnerbrust ohne Knochen, in Würfeln
4 EL Reiswein
450 g frische Bambussprossen
4 getrocknete Pilze, etwa 30 Minuten in warmem Wasser eingeweicht, abgetropft und klein geschnitten

Die Hummerkrabben in kochendes Salzwasser geben und rosa garen. Gut abtropfen lassen, anschließend schälen und ausnehmen. Brühe, Sojasauce, Zucker und 1 TL Salz in einer Kasserolle aufkochen. Die Hummerkrabben dazugeben und 2 Minuten köcheln lassen. Herausnehmen und die Flüssigkeit aufbewahren.

Schnee-Erbsen in kochendem Salzwasser 1 Minute blanchieren. Abtropfen lassen und in die Hummerkrabbenbrühe geben. Erneut 1 Minute köcheln lassen, dann wieder herausnehmen. Die Flüssigkeit aufbewahren.

Hühnerfleisch und Reiswein in die Brühe geben und das Fleisch unter Köcheln garen. Herausnehmen, abtropfen lassen und die Flüssigkeit aufbewahren.

Bambussprossen in die Brühe geben und fast weich kochen. Pilze hinzufügen und weiterkochen, bis beides weich ist. Fleisch, Schnee-Erbsen und Hummerkrabben dazugeben und kurz erhitzen.

Für 4 Personen

Huhn mit Erdnüssen

1 Ei
2 EL Speisestärke
1/2 TL Glutamat (nach Wunsch)
1/2 TL Salz
6 Hühnerbrüste, ohne Haut und Knochen
Öl zum Ausbacken
50 g frische Erdnußkerne, gehackt
1 Frühlingszwiebel, gehackt

Sauce:
4 EL Reisessig
120 ml Wasser
4 EL Zucker
120 ml Tomatenketchup
2 EL Speisestärke
1/2 TL Salz

Aus Ei, Speisestärke, Glutamat und Salz einen dünnen Teig anrühren. Die Hühnerbrüste damit bedecken und in heißem Öl ausbacken, bis sie weich sind und eine goldbraune Farbe angenommen haben.

Inzwischen alle Saucenzutaten in einer Kasserolle verrühren und unter Rühren aufkochen, bis die Sauce dick wird.

Die Hühnerbrüste auf Küchenkrepp abtropfen lassen und in Scheiben schneiden. Auf einer vorgewärmten Platte arrangieren und die Sauce darübergeben. Mit Erdnüssen und Frühlingszwiebel bestreuen.

Für 6 Personen

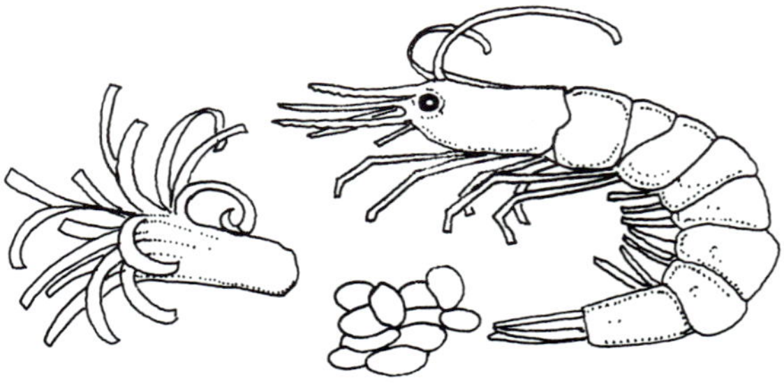

Kamo No Tsukiyaki
Marinierte und geschmorte Ente

eine etwa 2,5 kg schwere Ente, an den Gelenken zerteilt
120 ml helle Sojasauce
450 ml Reiswein
1 TL geriebener frischer Ingwer
Salz und Pfeffer
½ TL Glutamat (nach Wunsch)
2 EL Öl
1 große Zwiebel, in Ringen
225 g Pilze, in Scheiben

Die Ente sorgfältig von allem Fett befreien. Sojasauce, Reiswein, Salz, Pfeffer und Glutamat in einer Schüssel verrühren. Die Entenstücke dazugeben und alles gut vermischen. Zudecken und einige Stunden oder über Nacht im Kühlschrank marinieren lassen. Ab und zu wenden.

Das Fleisch herausnehmen, gut abtropfen lassen und die Marinade aufbewahren. Das Öl in einer schweren Kasserolle erhitzen und darin die Entenstücke von allen Seiten scharf anbraten. Zwiebelringe und Pilze dazugeben und 5 Minuten schmoren. Das Fett abschöpfen und die Marinade unterrühren. Gut 1½ Stunden schmoren, bis das Fleisch sehr weich ist.
Für 4 bis 6 Personen

Marinierte Hühnerschenkel

4 EL helle Sojasauce
6 EL süßer Reiswein
1 EL weiße Sesamsamen, geröstet
1 kleine rote Paprikaschote, entkernt und feingehackt
1 Frühlingszwiebel, feingehackt
5 Hühnerschenkel
Öl zum Braten

Sojasauce, Reiswein, Sesamsamen, Paprika und Frühlingszwiebel in einer Schüssel verrühren. Die Hühnerschenkel dazugeben und alles gut vermischen. 2 Stunden marinieren lassen, ab und zu wenden.

Ein wenig Öl in einer Pfanne erhitzen und darin die Hühnerschenkel von allen Seiten etwa 15 Minuten braten. Ab und zu mit der Marinade begießen.
Für 5 Personen

Kürbis mit Huhn gefüllt

1 Kürbis, etwa 500 g schwer
1 Block Sojabohnenquark (Tofu)
Salz
2 TL Zucker
1 Prise Glutamat (nach Wunsch)
50 g Hühnerfleisch, durchgedreht
1 kleine Karotte, in dünnen Streifen
1 getrockneter Pilz, etwa 30 Minuten in warmem Wasser eingeweicht, abgetropft und feingehackt
250 ml japanische Brühe (Seite 12)
1 TL Speisestärke

Von dem Kürbis einen flachen Deckel abschneiden, das Innere mit den Samen herausschaben und den Kürbis innen kräftig salzen. Den Sojabohnenquark in einem Stück Baumwolltuch auspressen und mit einer Gabel zu einem Brei verarbeiten. Zucker, ¾ TL Salz und Glutamat hineinkneten. Hühnerfleisch, Pilze und Karottenscheiben dazugeben und alles gut vermengen. Den Kürbis mit dieser Mischung füllen und ohne „Deckel" weichdünsten.

Brühe, Speisestärke und ½ TL Salz unter Rühren aufkochen, bis die Flüssigkeit dick wird. Den „Deckel" auf den Kürbis geben und die Sauce darübergießen.
Für 4 bis 6 Personen

Fleisch-gerichte

Sukiyaki
Rindfleisch mit Gemüse

4 EL Öl
4 mittelgroße Karotten, in dünne Stifte geschnitten
2 Bund Frühlingszwiebeln, in schrägen Stücken, etwa 2,5 cm lang
4 Stangen Sellerie, in schrägen Stücken, etwa 1 cm lang
100 g Pilze, in Scheiben
etwa 225 g Bambussprossen aus der Dose, abgetropft und in Scheiben
1 kg Rump- oder Filetsteak ohne Fett, dünn geschnetzelt
75 g Shirataki-Nudeln
etwa 225 g Spinat, in mundgerechten Stücken
4 Eier (nach Wunsch)
Sauce:
120 ml helle Sojasauce
4 EL Zucker
120 ml japanische Brühe (Seite 12) oder Hühnerbrühe
120 ml süßer Reiswein

Alle Zutaten für die Sauce verrühren.

Die Hälfte des Öls in einem Fonduetopf auf dem Tisch erhitzen. Nacheinander die Hälfte der Karotten, Frühlingszwiebeln, Selleriestücke, Pilze und Bambussprossen hineingeben und knackig braten. Die Gemüse zur Seite schieben und das Fleisch unter Rühren anbraten, bis es seine Farbe ändert. Die Hälfte der Sauce unterrühren, die Hälfte der Nudeln dazugeben und mit der Hälfte des Spinats bedecken. 5 Minuten schmoren lassen.

Heiß auftragen und die zweite Hälfte der Zutaten auf die gleiche Weise braten. Nach Wunsch kann jede Person 1 Ei mit Sojasauce in einer kleinen Schüssel zu einem Dip verrühren.
Für 4 bis 6 Personen

Niku No Miso Yaki
Rindfleisch mit Miso

750 g Rumpsteak, am Stück
4 EL rote Sojabohnenpaste
2 EL helle Sojasauce
1 EL Zucker
1 TL frisch geriebener Ingwer
1 Frühlingszwiebel, gehackt
2 EL Öl

Das Fleisch der Länge nach halbieren und quer zur Faser dünn schnetzeln. Die Stücke in einer Schüssel mit Sojabohnenpaste, Sojasauce, Zucker, Ingwer und Frühlingszwiebel vermischen und 10 Minuten marinieren lassen.

Das Öl in einer Pfanne erhitzen und das Fleisch samt der Marinade unter Rühren 2 Minuten braten. Heiß auftragen.
Für 4 Personen

Sukiyaki
(Foto: Campbell Soup Company)

Barbecue Teriyaki

4 EL Maissirup
4 EL helle Sojasauce
2 EL Reiswein oder trockener Weißwein
½ TL Ingwerpulver oder
1½ TL frisch geriebener Ingwer
1 kleine Knoblauchzehe, zerdrückt
500 g Rumpsteak am Stück
2 EL heller Essig oder Zitronensaft (nach Wunsch)

In einer Schüssel Sirup, Sojasauce, Ingwer und Knoblauch vermischen. Das Fleisch dazugeben und von allen Seiten mit der Marinade bedecken. Zugedeckt einige Stunden oder über Nacht im Kühlschrank marinieren lassen.

Das Fleisch herausnehmen, trockentupfen und auf dem Holzkohlengrill etwa 10 Minuten grillen. Einmal umdrehen und mit der Marinade bestreichen.

Das Fleisch schräg aufschneiden und heiß servieren. Nach Wunsch die restliche Marinade mit Essig oder Zitronensaft verrühren und als Sauce reichen.
Für 3 bis 4 Personen

Variante:
Fisch-Teriyaki mit Lachs-, Seelachs- oder Heilbutt-Steaks.

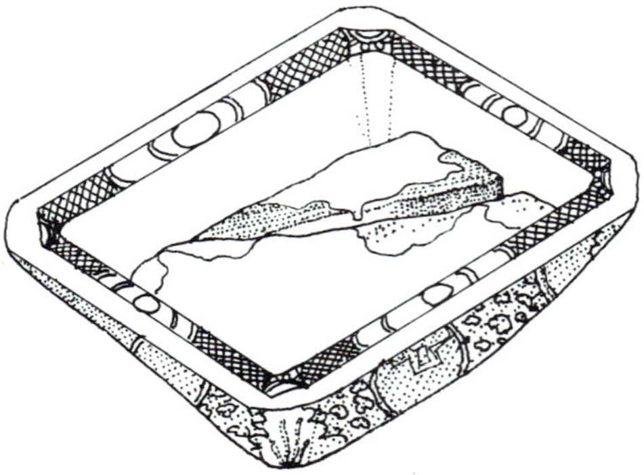

Rindfleisch-Gemüse-Topf

2 EL Pflanzenöl
1 kg Rumpsteak, in Streifen von 3 mm Dicke und 10 cm Länge
5 EL helle Sojasauce
2 TL Zucker
1 Knoblauchzehe, zerdrückt
Pfeffer
3 Karotten, in Scheiben
2 grüne Paprikaschoten, entkernt und in etwa 2,5 cm großen Stücken
8 Frühlingszwiebeln, in 5 cm langen Stücken
250 g Pilze, halbiert
200 g Wasserkastanien aus der Dose, abgetropft und halbiert
2 EL Speisestärke
4 EL Wasser

Das Öl in einer Kasserolle erhitzen und darin das Fleisch kräftig von allen Seiten anbraten. Das Bratenfett abgießen und mit Wasser auf 250 ml auffüllen. Mit Sojasauce, Zucker, Knoblauch und Pfeffer verrühren und mit dem Fleisch zurück in die Kasserolle geben. Zudecken und etwa 45 Minuten köcheln lassen.

Karotten, Paprika, Frühlingszwiebeln, Pilze und Wasserkastanien hinzufügen. Zudecken und weitere 15 Minuten köcheln lassen.

Speisestärke mit Wasser anrühren und zu der Fleisch-Gemüse-Mischung geben. Aufkochen, bis die Sauce dick wird. Heiß auftragen.
Für 6 bis 8 Personen

Shabu-Shabu
Rindfleisch-Fondue mit Pilzen

1 Stück Blattang, etwa 5 bis 7 cm im Quadrat
1 kg Rumpsteak, in hauchdünnen Scheiben
6 frische japanische Pilze (Shiitake)
500 g frische Enokidake-Pilze, geputzt und in kleinen Sträußen
450 g Chinakohl (Napa), in Streifen
225 g eßbare Chrysanthemenblätter ohne harte Teile
350 g Frühlingszwiebeln, in 2,5 cm langen Stücken
750 g Frischeinudeln
Sesamsauce (Goma-dare):
225 g weiße Sesamsamen, geröstet
5 EL helle Sojasauce
2 EL süßer Reiswein
1 EL feingehackte Frühlingszwiebeln
ein Spritzer Tabascosauce
175 ml japanische Brühe (Seite 12)

Für die Sauce zuerst die Sesamsamen in einem Mörser aus Glas oder Porzellan zerstoßen, bis eine dicke Paste entstanden ist. Diese mit den restlichen Zutaten vermischen und die Sauce in 6 kleine Schüsseln verteilen.

Einen großen Fonduetopf mit Wasser füllen, den Blattang dazugeben und aufkochen. Den Blattang herausnehmen und wegwerfen.

Den Topf über einen Fonduebrenner stellen.

Jede Person taucht das Fleisch mit Eßstäbchen in die kochende Brühe und gart es nach Wunsch. Nicht zu lange garen! Die Gemüse auf die gleiche Weise zubereiten. Shiitake-Pilze und Chinakohl brauchen etwas länger, während die Enokidake-Pilze nur kurz in die kochende Brühe gehalten werden dürfen.

Die gegarten Speisen vor dem Verzehr in die Sauce dippen.

Brühe ab und zu abschäumen.

Der Eigengeschmack des Fleischs und der Gemüse würzen die Brühe. Wenn Fleisch und Gemüse verzehrt sind, die Nudeln in die Brühe geben und weichkochen. Als Suppe zum Abschluß der Mahlzeit reichen.
Für 6 Personen

Teriyaki Fondue

etwa 300 ml doppelte Kraftbrühe (Consommé)
4 EL Reiswein oder trockener Sherry
4 EL helle Sojasauce
½ kleine Zwiebel, feingehackt
1 große Knoblauchzehe, zerdrückt
1 EL Honig
750 g Rumpsteak ohne Fett und Sehnen, in streichholzdünnen Streifen
1 EL Speisestärke
Öl zum Ausbacken

Kraftbrühe, Wein oder Sherry, Sojasauce, Zwiebel, Knoblauch und Honig in einer Schüssel gut vermischen. Das Fleisch dazugeben und alles miteinander vermengen. Zudecken und 1 Stunde marinieren lassen.

Das Fleisch herausnehmen und abtropfen lassen. Die Marinade in einer Kasserolle mit der Speisestärke aufkochen und eindicken lassen. Warmhalten.

Das Öl stark erhitzen, in einen Fonduetopf umfüllen und über eine Flamme stellen. Das Fleisch mit Fondueabeln greifen und in dem Öl ausbacken. Die Sauce dazu reichen.
Für 4 Personen

Rindfleischfondue mit Wein

350 ml Rotwein
300 ml Rinderbrühe
1 kleine Zwiebel, in dünnen Ringen
3 Petersilienzweige
½ TL getrockneter Majoran
1 große Prise Knoblauchpulver
1 kleines Lorbeerblatt
Salz und Pfeffer
1 kg Rumpsteak ohne Fett und Sehnen, in Würfeln von etwa 2,5 cm Dicke
Süß-scharfe Sauce:
1 EL Zitronensaft
1 EL ungesüßter Senf
4 EL Honig
4 EL Aprikosenmarmelade
½ TL Salz
Sauerrahmsauce:
250 ml Sauerrahm
2 TL Meerrettich aus dem Glas
1 TL gehackte Petersilie
Salz und Pfeffer

Wein, Brühe, Zwiebel, Petersilie, Majoran, Knoblauchpulver, Lorbeerblatt und Salz in einen Topf geben. Mit Pfeffer abschmecken und aufkochen. 5 Minuten köcheln lassen, vom Feuer nehmen und 2 Stunden zugedeckt abkühlen lassen.

Inzwischen die Zutaten für die Saucen in zwei Schüsseln anrühren. Zudecken und im Kühlschrank 1 Stunde durchziehen lassen.

Die Wein-Brühe-Mischung auf dem Tisch in einen Fonduetopf geben und aufkochen. Jede Person nimmt ein Stück Fleisch mit der Fonduegabel und gart es nach Wunsch. Vor dem Verzehr in die Saucen dippen.

Für 4 bis 6 Personen

Teppanyaki
Gebratenes Fleisch mit Gemüse

4 Lendensteaks, in Würfeln
8 Hummerkrabben in der Schale
2 mittelgroße Zucchini, in Streifen
2 mittelgroße Zwiebeln, in dünnen Ringen
225 g Bohnensprossen
225 g Champignons
1 EL Öl
Süß-saure Sauce (Ponzu):
120 ml helle Sojasauce
120 ml Zitronensaft
4 EL süßer Reiswein
Senfsauce (Karashi Jyoyu):
2 TL ungesüßter Senf
2 TL heißes Wasser
3 EL helle Sojasauce
2 EL Reiswein
1 TL Sesamsamenöl

Fleisch, Hummerkrabben und Gemüse appetitlich auf einer großen Platte arrangieren.

Die Zutaten für die süß-saure Sauce und die Senfsauce miteinander verrühren und in zwei Schüsseln getrennt reichen.

Das Öl in einen Fonduetopf auf den Tisch geben und erhitzen. Einige Hummerkrabben und Fleischwürfel hineingeben und unter Rühren anbraten. Gemüse hinzufügen und weiter braten, bis sie gar, aber noch knackig sind.

Fleisch, Hummerkrabben und Gemüse portionsweise servieren. Nach Geschmack in die Saucen dippen.

Für 4 Personen

Anmerkung: Gemüse wie frische Spinatblätter, Stücke von Paprikaschoten, Schnee-Erbsen und Frühlingszwiebeln eignen sich ebenfalls sehr gut für „Teppanyaki".

Teppanyaki

Karibayaki
Fleisch- und Rettichsaft-Fondue

750 g Rumpsteak, ohne Fett und Sehnen, in dünnen Scheiben
5 Frühlingszwiebeln, in 2,5 cm langen Stücken
350 g Bambussprossen, halbiert und in dünnen Scheiben
200 g Petersilienzweige
250 g Auberginen, in dünnen Scheiben
450 g Matsutake-Pilze, ersatzweise Steinpilze, in mundgerechten Bissen
750 g weißer Rettich (Daikon)
1½ EL helle Sojasauce
gemahlener japanischer Pfeffer
Glutamat (nach Wunsch)
75 g Schmalz

Sauce:
helle Sojasauce
Reiswein
süßer Reiswein
Zucker

Fleisch, Frühlingszwiebeln, Bambussprossen, Petersilie, Aubergine und Pilze appetitlich auf einer Platte arrangieren.

Den Rettich reiben und auspressen. Den Saft mit der Sojasauce vermischen und mit Pfeffer und Glutamat abschmecken. In eine kleine Servierschüssel geben.

Aus 3 Teilen Sojasauce, 2 Teilen Reiswein, 1 Teil süßem Reiswein und 2 Teilen Zucker eine Marinade anrühren. Alles gut vermischen, bis sich der Zucker aufgelöst hat. In eine Schüssel geben.

Das Schmalz in einem Fonduetopf erhitzen und diesen auf den Eßtisch stellen. Jede Person nimmt ein Stück Fleisch oder Gemüse mit der Fonduegabel, taucht es in die Sauce und brät es dann im Schmalz. Vor dem Verzehr in die Rettichsauce tunken.

Für 4 bis 6 Personen

Rindfleischsalat

750 g gekochtes mageres Rindfleisch, in dünnen Streifen
250 g Spinat, in mundgerechten Bissen
etwa 450 g Bohnensprossen, abgetropft
etwa 250 g Wasserkastanien, abgetropft und in Scheiben
4 bis 6 Frühlingszwiebeln, in Stücken

Salatsauce:
2 EL brauner Zucker
½ TL gemahlener Ingwer
120 ml Mayonnaise
4 EL helle Sojasauce
1 EL Essig
1 EL gehackte Petersilie

Aus den angegebenen Zutaten die Salatsauce anrühren. Mit der Hälfte des Fleisches gut vermischen und etwa 1 Stunde gut kühlen.

Anschließend das Gemüse an das Fleisch geben, alles erneut umrühren und die restliche Sauce getrennt dazu reichen.

Für 6 Personen

Soboro Donburi
Rinderhaschee

2 EL Öl
1 Frühlingszwiebel, feingehackt
1 Karotte, kleingeschnitten
100 g mageres Rinderhackfleisch
1½ Block Sojabohnenquark (Tofu), gut ausgedrückt
3 EL helle Sojasauce
1 EL Zucker
¾ TL Salz
5 Petersilienzweige, feingehackt
1 Prise Glutamat (nach Wunsch)
2 Eier, verquirlt

In einer großen Pfanne das Öl erhitzen und darin Zwiebel und Karotte kräftig anschmoren. Das Hackfleisch dazugeben und ebenfalls anbraten, bis es braun und bröselig wird. Sojabohnenquark, Sojasauce, Zucker, Salz, Petersilie und Glutamat untermischen. Vom Feuer nehmen und 20 bis 30 Sekunden kräftig rühren, dann die Eier unterheben. Zurück auf die Feuerstelle geben und unter Rühren die Eier stocken lassen. Über gedämpften Reis geben.
Für 4 bis 6 Personen

Schinken mit Erbsen

450 ml japanische Brühe (Seite 12)
1 kg frische Erbsen, geschält
1½ TL helle Sojasauce
1½ TL Zucker
½ TL Salz
1 Prise Glutamat (nach Wunsch)
250 g gekochter Schinken, gewürfelt
1 EL Speisestärke
2 EL Wasser

Die Brühe in einem Topf zum Kochen bringen und die Erbsen dazugeben. Halb weich kochen, dann Sojasauce, Zucker, Salz und Glutamat unterrühren. Weichkochen.

Schinkenwürfel hinzufügen und erhitzen. Maisstärke mit Wasser anrühren und damit die Suppe unter Rühren andicken.
Für 4 bis 6 Personen

Schinken-Kraut-Salat

1 kg Weißkraut, fein geschnitten
3 EL weiße Sesamsamen, geröstet
4 EL Essig
1½ EL Zucker
1 TL helle Sojasauce
1 TL Salz
1 Prise Glutamat (nach Wunsch)
3 Scheiben gekochter Schinken, in Streifen

Das Kraut in kochendem Wasser fast gar kochen. Abtropfen und abkühlen lassen.

Die Sesamsamen in einem Glas- oder Porzellanmörser zu einem glatten Brei zerstampfen. Essig, Zucker, Sojasauce, Salz und Glutamat dazugeben und alles gut vermischen. An das Kraut geben, Schinken unterheben und alles miteinander vermengen.
Für 4 bis 6 Personen

Eintopf mit Ingwer

1 l Wasser
1 EL Reiswein
2 Frühlingszwiebeln, sehr fein gehackt
15 g frischer Ingwer, sehr fein gehackt
350 g Schweineschulter, in 10 Stücken
1 kg weißer Rettich (Daikon), geschält und in Scheiben
2½ EL helle Sojasauce
1½ EL Zucker

Wasser, Wein, Zwiebeln und Ingwer in einem Topf aufkochen. Fleisch und Rettich dazugeben und etwa 1 Stunde köcheln lassen.

Sojasauce und Zucker einrühren und weiter kochen, bis das Fleisch gar ist. In Suppenschalen servieren.
Für 4 bis 6 Personen

Buta Teriyaki
Schweinefleischspieße

1 kg Schweinefilet, in dünnen Scheiben
1 TL frischer Ingwer, gerieben
1 Zwiebel, feingehackt
½ TL Glutamat (nach Wunsch)
5 EL helle Sojasauce
4 EL Zucker
4 EL Reiswein

Alle Zutaten in einer Schüssel miteinander vermengen und gut 1 Stunde marinieren lassen. Die Fleischstücke auf 4 Spieße stecken (Bambusspieße zuvor 10 Minuten wässern). Marinade aufbewahren. Von beiden Seiten unter einem Küchengrill oder über einem Holzkohlengrill etwa 3 Minuten grillen. Zwischendurch mit der Marinade bestreichen. Heiß servieren.
Für 4 Personen

Schweinefleisch mit Hummerkrabben und Nudeln

250 g Fadennudeln, ersatzweise Spaghetti
1 EL Öl
1 Knoblauchzehe, zerdrückt
1 kleine Zwiebel, gehackt
250 g mageres Schweinefleisch, geschnetzelt, in Streifen von etwa 5 cm Länge und 1 cm Breite
100 g Hummerkrabben, geschält, geputzt und in Stücken
Salz und Pfeffer
2 EL helle Sojasauce
2 EL Tomatenketchup
1 TL geriebene Zitronenschale
2 EL Zitronensaft
4 EL gesalzene Erdnüsse
4 EL gehackte Frühlingszwiebeln
1 große Orange, geschält und in Schnitzen
Garnierung:
Orangenschnitze
Wasserkresse

Die Nudeln in kochendem Salzwasser „al dente" kochen.

Inzwischen das Öl in einer großen Pfanne erhitzen und darin den Knoblauch anbräunen. Herausnehmen und wegwerfen. Fleisch und Zwiebel in das Öl geben und braten, bis die Zwiebel braun wird und das Fleisch Farbe annimmt. Hummerkrabben dazugeben, mit Salz und Pfeffer abschmecken und unter ständigem Rühren noch 3 Minuten braten.

Sojasauce, Ketchup, Zitronenschale und Zitronensaft, Erdnüsse, Frühlingszwiebeln und Orangenstücke hinzufügen. Die abgetropften Nudeln ebenfalls dazugeben. Unter Rühren alles sehr heiß werden lassen. Mit Orangenschnitzen und Wasserkresse garnieren.
Für 6 Personen

Schweinefleisch mit Hummerkrabben und Nudeln
(Foto: Sunkist Growers Inc)

Schweinegeschnetzeltes „Oriental“

1 EL Öl
1 kg mageres Schweinefleisch, in 5 mm breiten und 5 cm langen Streifen
¼ TL geriebener Ingwer
1 Prise geriebene Muskatnuß
Salz
120 ml und 2 EL Wasser
2 EL helle Sojasauce
2 EL Reiswein oder trockener Sherry
2 Stangen Sellerie, in Stücken
1 mittelgroße Zwiebel, geschnitten
100 g Pilze, geschnitten
1 mittelgroße grüne Paprikaschote, entkernt und in dünnen Streifen
2 TL Speisestärke
50 g eingelegte Pimentkörner (Nelkenpfeffer), abgetropft und zerkleinert

Das Öl in einer großen Pfanne erhitzen und darin das Fleisch von allen Seiten kräftig anbräunen. Herausnehmen, auf Küchenkrepp abtropfen lassen, das Fett abgießen und das Fleisch wieder in die Pfanne geben. Ingwer, Muskat und Salz zum Abschmecken vermischen und an das Fleisch geben. 120 ml Wasser, Sojasauce und Wein oder Sherry hinzufügen und gut verrühren. Die Pfanne zudecken und alles 30 Minuten köcheln lassen.

Sellerie und Zwiebel unterrühren und weitere 10 Minuten köcheln lassen. Pilze und Paprikaschote dazugeben und zugedeckt noch etwa 5 Minuten schmoren oder bis das Fleisch und die Gemüse weich sind.

Speisestärke in dem restlichen Wasser auflösen und unterrühren. Andicken lassen. Die Pimentkörner untermischen und noch 2 Minuten köcheln lassen.
Für 4 Personen

Schweinefleisch-Apfel-Bällchen

½ Dessertapfel, geschält und in Scheiben
3 getrocknete Pilze, etwa 30 Minuten in warmem Wasser eingeweicht, abgetropft und kleingeschnitten
1 kleine Frühlingszwiebel, sehr fein gehackt
1 Ei
500 g Schweinehackfleisch
1 EL Reiswein
1 TL Salz
1 Prise Glutamat (nach Wunsch)
Öl zum Ausbacken
Salatblätter
Sauce:
helle Sojasauce
Essig
ungesüßter Senf
Glutamat (nach Wunsch)

Aus Apfel, Pilzen, Frühlingszwiebeln, Ei, Hackfleisch, Reiswein, Salz und Glutamat eine feste Mischung bereiten. Daraus etwa 15 Frikadellen formen. In Öl schwimmend ausbacken und auf Küchenkrepp abtropfen lassen.

Auf Salatblättern anrichten und dazu eine Sauce aus Essig und Sojasauce, abgeschmeckt mit Senf und Glutamat, reichen.
Für 5 Personen

Tonkatsu
Schweinekoteletts

4 bis 6 Schweinekoteletts, ausgelöst
Salz und Pfeffer
Mehl zum Bestäuben
2 verquirlte Eier
Semmelbrösel
Öl zum Ausbacken
Garnierung:
Kopfsalat in Streifen
Petersilienzweige

Die Koteletts flachklopfen, salzen und pfeffern. Bemehlen, in die verquirlten Eier tauchen und in den Semmelbröseln wälzen.

Das Öl in einer Friteuse auf 180°C erhitzen und darin die Koteletts etwa 10 Minuten ausbacken oder bis sie gar und goldbraun sind. Auf Küchenkrepp abtropfen lassen.

Die Koteletts in zwei bis drei Stücke aufschneiden, auf eine vorgewärmte Platte geben und nach Wunsch mit Salat und Petersilie garnieren. Dazu Tonkatsu-Sauce, eine braune Fertigsauce, reichen.
Für 4 bis 6 Personen

Schweinefleisch mit Zucchini

Öl zum Ausbacken
250 g mageres Schweinefleisch ohne Knochen, in Würfeln von etwa 2 cm Dicke
etwa 650 g Zucchini, in Würfeln von etwa 2,5 cm Dicke
450 ml japanische Brühe (Seite 12)
1 Prise Glutamat (nach Wunsch)
Salz und Pfeffer

Ein wenig Öl in einer großen Pfanne erhitzen. Das Fleisch dazugeben und von allen Seiten kräftig anbraten. Herausnehmen, die Zucchiniwürfel hineingeben und hellbraun anbraten. Das Fleisch wieder hinzufügen, mit Brühe aufgießen und mit Glutamat, Salz und Pfeffer abschmecken. Aufkochen und köcheln lassen, bis das Fleisch gar und fast alle Flüssigkeit verdampft ist.
Für 4 bis 6 Personen

Schweinefleisch-Bohnen-Salat

2 EL weiße Sesamsamen, geröstet
2 EL japanische Brühe (Seite 12)
2 EL Zucker
4 EL helle Sojasauce
Salz
1 Prise Glutamat (nach Wunsch)
250 g mageres Schweinefleisch, in etwa 5 cm langen Streifen
350 g grüne Bohnen
2 Block Sojabohnenquark (Tofu)

Die Sesamsamen in einem Glas- oder Porzellanmörser zerstoßen und mit Brühe, Zucker, 3 TL Sojasauce, 1½ TL Salz und Glutamat verrühren.

Das Fleisch in Salzwasser garen, abtropfen und abkühlen lassen.

In dem gleichen Wasser die Bohnen garen, bis sie noch einen leichten Biß haben. Ebenfalls abtropfen und abkühlen lassen. In etwa 5 cm lange Stücke schneiden.

Sojabohnenquark gut ausdrücken und mit der Sesamsamensauce zu einem glatten Brei verrühren. Unter Fleisch und Bohnen heben und gut vermischen. In Portionsschüsseln servieren.
Für 4 Personen

Gemüse-gerichte

Harusame-Suppe
„Frühlingsregen“-Suppe

100 g Glasnudeln (Harusame), mit kochendem Wasser übergossen und etwa 30 Minuten quellen gelassen
2 bis 3 getrocknete Pilze, etwa 20 Minuten in warmem Wasser eingeweicht
1 l japanische Brühe (Seite 12) oder Hühnerbrühe
1 Prise Glutamat (nach Wunsch)
1 EL Reiswein
Salz
100 g geschälte Hummerkrabben
6 bis 8 Schoten Schnee-Erbsen
2 Karotten, in dünnen Scheiben
einige dünne Streifen Salatgurke
100 g Chinakohl
einige Spinatblätter
Garnierung:
1 TL frisch geriebener Ingwer
1 Frühlingszwiebel, in dünnen Streifen
2 EL pürierter weißer Rettich (Daikon)

Die Glasnudeln abtropfen lassen und in etwa 5 cm lange Stücke schneiden. Die Pilze ebenfalls abtropfen lassen und gut ausdrücken. Die harten Teile entfernen.

Die Brühe in eine Kasserolle geben und die Einweichflüssigkeit der Pilze unterrühren. Dabei auf etwaige Rückstände wie Sand in der Flüssigkeit achten. Aufkochen und 2 Minuten köcheln lassen. Glutamat und Reiswein dazugeben und mit Salz abschmecken.

Die Brühe in vier vorgewärmte Suppenschalen geben. Die Zutaten appetitlich auf einer Platte anrichten. Nach Wunsch die Gemüse in Form schneiden wie auf der Abbildung links. Garnierung gesondert reichen. Jede Person gibt nach Wunsch Gemüse und Zutaten der Garnierung an die Suppe.
Für 4 Personen

Sesam-Spinat-Salat

500 g Spinat
2 EL Sesamsamen
1 EL helle Sojasauce

Den Spinat in kochendem Wasser etwa 3 Minuten garen.

Inzwischen die Sesamsamen in einer erhitzten trockenen Pfanne rösten und in einem Glas- oder Porzellanmörser zerstampfen. Sojasauce dazugeben und alles zu einer Paste verarbeiten.

Spinat abtropfen lassen und alle Flüssigkeit ausdrücken. Die Blätter in etwa 5 cm lange Stücke schneiden und mit der Sesamsamensauce übergießen.
Für 4 Personen

Harusame-Suppe

Tofu-„Steak“
Gebackener Sojabohnenkäse

1 kg Sojabohnenkäse (Tofu)
Öl zum Ausbacken
2 EL helle Sojasauce
2 EL Reiswein
2 EL süßer Reiswein
Garnierung:
feingehackte Frühlingszwiebeln
frisch geriebener Ingwer

Den Sojabohnenkäse in dicke Scheiben schneiden, zwischen Küchenkrepp legen und alle überschüssige Feuchtigkeit aufsaugen lassen. Eine große Bratpfanne leicht einölen und erhitzen. Die Sojabohnen„steaks“ darin von beiden Seiten goldbraun braten. Die „Steaks“ müssen gut durchgewärmt sein.

Sojasauce und Reiswein in einer Kasserolle aufkochen und über die Sojabohnenstücke geben. Heiß servieren, mit Ingwer und Frühlingszwiebeln garnieren.
Für 6 Personen

Weiße Rüben pikant

4 kleine weiße Rüben
Salz
1 EL Essig
1 TL Zucker
1 EL süßer Reiswein
Paprikapulver

Die Rüben schälen und der Länge nach rundherum insgesamt viermal einschneiden. Die Rüben in kochendem Salzwasser garen. Gut abtropfen lassen.

Essig, Zucker, Reiswein und $1\frac{1}{4}$ TL Salz verrühren und unter die Rüben mischen. Gut gekühlt etwa 1 Stunde marinieren lassen. Vor dem Servieren mit Paprika bestäuben.
Für 4 Personen

Hijiki To Aburage
Tang mit Sojabohnenkuchen

5 EL getrockneter Braunalgentang (Hijiki)
2 gebackene Sojabohnenkuchen
1 TL Öl
150 ml japanische Brühe (Seite 12)
1 EL süßer Reiswein
$2\frac{1}{2}$ TL Zucker
2 EL helle Sojasauce

Den Tang in trockenem Zustand gut säubern und putzen. In kaltem Wasser 1 Stunde einweichen. Abtropfen lassen und unter fließendem Wasser gut abspülen, bis aller Sand weggeschwemmt ist. Abtropfen lassen.

Die Sojabohnenkuchen kurz in kochendes Wasser geben, um alles überflüssige Öl zu entfernen. Anschließend der Länge nach in 5 mm dicke Scheiben schneiden.

Das Öl in einer Pfanne erhitzen. Tang darin 2 Minuten anbraten, Sojabohnenkuchenstücke dazugeben und weitere 5 Minuten schmoren.

Die restlichen Zutaten unterrühren und weiter köcheln, bis alle Flüssigkeit verdampft ist. Heiß servieren.
Für 4 Personen

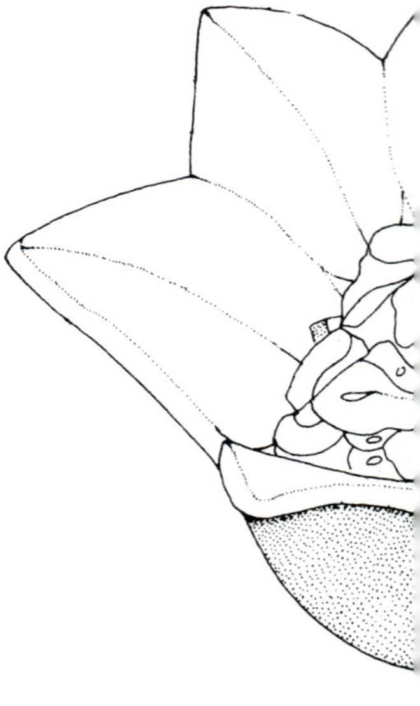

Sushi im Mantel

40 g gebackener Sojabohnenkuchen
250 ml japanische Brühe (Seite 12)
100 g Zucker
5 EL helle Sojasauce
1 TL Glutamat (nach Wunsch)
etwa 600 g gedämpfter Reis (Seite 57)
4 EL gewürzter Reisessig

Den Sojabohnenkuchen so aufschneiden, daß kleine „Taschen" entstehen. In kochendes Wasser geben und 2 Minuten garen. Abtropfen und abkühlen lassen. Das überschüssige Wasser ausdrücken.

Brühe, Zucker, Sojasauce und Glutamat in einer Kasserolle unter Rühren aufkochen, bis sich der Zucker aufgelöst hat. Die Sojabohnen„taschen" dazugeben und weitere 20 Minuten köcheln lassen. Hin und wieder vorsichtig umrühren. Abtropfen und abkühlen lassen.

Reis und Essig vermischen und damit die „Taschen" füllen.
Für 4 bis 6 Personen

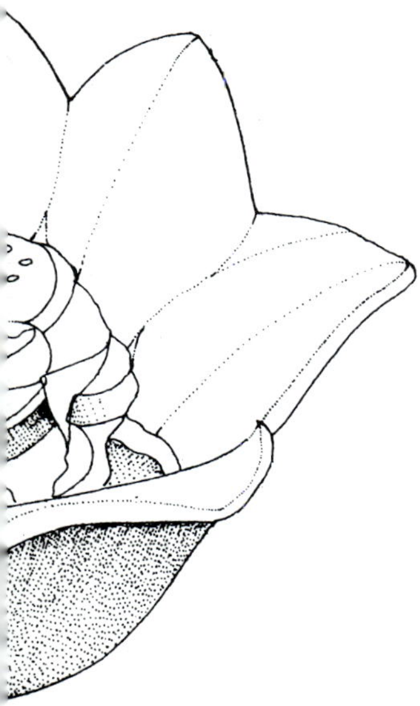

Bohnen oder Erbsen mit Ei

175 ml japanische Brühe (Seite 12)
1½ EL helle Sojasauce
1½ EL Zucker
250 g grüne Bohnen oder Erbsen
2 Eier, verquirlt

Brühe, Sojasauce und Zucker in einer Kasserolle aufkochen. Bohnen oder Erbsen dazugeben und kochen. Sie sollten noch einen Biß haben. Eier hinzufügen und köcheln lassen, bis die Eier gestockt sind.
Für 4 Personen

Shimeji
Gedünstete Austernpilze

1½ TL Butter
1 Knoblauchzehe, zerdrückt
250 g frische Austernpilze, geputzt, in mundgerechten Bissen
1 TL Reiswein
3 EL Hühnerbrühe
Salz und Pfeffer
1 Prise Glutamat (nach Wunsch)

Die Butter in einer flachen Pfanne schmelzen und darin den Knoblauch unter Rühren 30 Sekunden braten. Die Pilze mit dem Reiswein dazugeben und unter Rühren 1 Minute schmoren. Die restlichen Zutaten hinzufügen und weitere 2 Minuten dünsten. Heiß als Beilage reichen.
Für 4 Personen

Nasu No Karashi
Aubergine süß-sauer

1 mittelgroße Aubergine
750 ml Wasser
1 EL Salz
Sauce:
1 TL ungesüßter Senf
3 EL helle Sojasauce
3 EL süßer Reiswein
3 EL Zucker
1 Prise Glutamat (nach Wunsch)

Die Aubergine in etwa 3 mm dicke Scheiben schneiden, diese vierteln. Das Salz in das Wasser einrühren und darin die Auberginenviertel etwa 1 Stunde einweichen.

Inzwischen die Sauce anrühren.

Die Auberginenviertel abtropfen lassen und mit Küchenkrepp trockentupfen. In eine Glasschüssel schichten, die Sauce darübergeben und im Kühlschrank einige Stunden oder über Nacht marinieren lassen.

Für 4 Personen

Gemüse-, Nudel- und Sesam-Salat

350 g weißer Rettich (Daikon), in dünnen Scheiben
Salz
100 g Karotten, in dünnen Scheiben
1 Packung Sojabohnenkuchen, gebraten
1 Packung Shiritaki-Nudeln
4 getrocknete Pilze, 30 Minuten lang in warmem Wasser eingeweicht und abgetropft
4 EL japanische Brühe (Seite 12)
1 EL Zucker
1 EL helle Sojasauce
Sauce:
3 EL weiße Sesamsamen, geröstet
2 EL Essig
2 EL Zucker
1 EL helle Sojasauce
1½ TL Salz

Rettich- und Karottenscheiben in getrennten Gefäßen mit Salz bestreuen. Den Sojabohnenkuchen, die Nudeln und Pilze in eine Kasserolle geben und Brühe, Zucker und Sojasauce hinzufügen. Aufkochen und köcheln lassen, bis die Nudeln weich sind.

Inzwischen Rettich und Karotten in einen Topf mit kochendem Wasser geben und garen. Abtropfen und abkühlen lassen.

Die Nudeln ebenfalls abtropfen und abkühlen lassen und mit Rettich und Karotten vermischen.

Für die Sauce die Sesamsamen in einem Glas- oder Porzellanmörser zerstampfen und mit den restlichen Zutaten zu einem Brei verarbeiten. Über den Salat geben und alles gut vermischen.

Für 4 bis 6 Personen

Horenso Tamago Maki (Seite 8);
Nasu No Karashi (Mitte)

Napa No Tsukemono
Eingelegter Chinakohl

1 großer Kopf Chinakohl in gleichgroßen Stücken
3 EL Meersalz
4 EL Rosinen oder gehackte Backpflaumen
250 ml Wasser
3 getrocknete Chillies

Die Kohlstücke in eine Glasschüssel geben und jede Lage salzen. Die restlichen Zutaten hinzufügen und alles gut verrühren, bis sich das Salz aufgelöst hat. Mit einem passenden flachen Teller beschweren und 12 Stunden marinieren lassen.

Rosinen oder Pflaumen und Chillies entfernen und die Kohlblätter kurz abspülen. Ausdrücken und kalt servieren.

Anmerkung: In der Marinade hält sich der eingelegte Kohl im Kühlschrank etwa eine Woche.

Sunomono Daikon
Rettichsalat

1 weißer Rettich (Daikon) von der Größe einer Salatgurke, geschält und gerieben
4 EL Essig
2 EL Zucker
1 Prise Salz
1/5 Salatgurke, in Würfeln
1 Dattelpflaume (Persimmon), in Würfeln
1 TL frisch geriebener Meerrettich
1 TL frisch geriebener Ingwer

Den Rettich in einem Tuch gut ausdrücken. Essig, Zucker und Salz dazugeben und gut untermischen. Die restlichen Zutaten hinzufügen und alles vermischen. In kleinen Häufchen auf eine Servierplatte geben.
Für 4 Personen

Salat „Kaiserin des Ostens“

3/4 Kopf Chinakohl, in mundgerechten Bissen
100 g Spinat, in mundgerechten Bissen
1/2 Kopf Endiviensalat, in Streifen
100 g Gruyère oder Emmentaler Käse, in Würfeln
Milch
1 EL Sesamsamen, geröstet
2 mittelgroße weiße Rüben, in dünnen Streifen
einige kleine Tomaten
Sauce:
2 EL Weizenmehl
2 EL brauner Zucker
1 TL Ingwerpulver
1 Prise Cayennepfeffer, gemahlen
1 TL Salz
1 Ei, verquirlt
250 ml Milch
4 EL heller Weinessig
1 TL Butter
250 ml saure Sahne

Zunächst die Sauce zubereiten: Mehl, Zucker, Ingwer, Cayennepfeffer und Salz in eine Kasserolle geben. Das Ei mit der Milch verquirlen und langsam an die trockenen Zutaten rühren. Leicht köcheln lassen, bis alles angedickt ist. Vom Feuer nehmen und abkühlen lassen, dann die saure Sahne unterziehen.

Die Gemüse in einer Glasschüssel vermischen. Die Käsewürfel in Milch tauchen und danach in dem Sesamsamen wälzen. Den Salat mit Tomatenvierteln, weißen Rüben und Käsewürfeln garnieren. Die Salatsauce getrennt reichen.
Für 8 Personen

Yamazato-Salat

1 eingesalzene Qualle
1 Salatgurke, in Streifen von etwa 5 cm Länge
1 Karotte, in Streifen von etwa 5 cm Länge
1 Stange Sellerie, in Streifen von etwa 5 cm Länge
½ kleiner Kopfsalat, in Streifen
1 grüne Paprikaschote, in Streifen von etwa 5 cm Länge
3 kleine Zwiebeln, in dünnen Ringen
1 EL weiße Sesamsamen
Sauce:
120 ml helle Sojasauce
6 EL süßer Reiswein
4 EL Zucker

Die Qualle etwa 30 Minuten in kaltem Wasser einweichen, um das Salz zu entfernen. Abtropfen lassen und in dünne Streifen schneiden. Ein wenig kochendes Wasser darübergeben, erneut abtropfen lassen und kühl stellen.

Die Gemüse für etwa 15 Minuten in kaltes Wasser geben, damit sie knackig werden.

Die Sesamsamen in einer trockenen Pfanne rösten, bis sie zu knacken beginnen. Vom Feuer nehmen und abkühlen lassen.

Die Gemüse abtropfen lassen und in eine Schüssel geben. Mit Quallestreifen garnieren und die Sesamsamen darüberstreuen. Die Sauce anrühren und über den Salat geben.

Für 6 Personen

Karotten-Bohnen-Salat

1 Karotte, der Länge nach in dünne Scheiben geschnitten
24 Kidney-Bohnen aus der Dose
Salz
4 EL japanische Brühe (Seite 12)
50 g Zucker
2 EL helle Sojasauce
3 EL weiße Sesamsamen
175 g Sojabohnenquark (Tofu)

Die Karottenstreifen in kochendem Wasser garen. Die Bohnen in dem Wasser kurz erhitzen. Beide Gemüse abtropfen lassen und mit der Brühe vermischen. 1 TL Zucker und 5 TL Sojasauce unterrühren. Abkühlen lassen.

Die Sesamsamen in einer trockenen Pfanne rösten, bis sie zu knacken beginnen. Vom Feuer nehmen und mit 2 TL Zucker vermischen.

Den Sojabohnenquark in Wasser weichkochen, gut abtropfen lassen und auspressen. Kleinschneiden und mit dem restlichen Zucker, der restlichen Sojasauce und ¾ TL Salz vermengen. Karotten und Bohnen unterheben und mit Sesamsamen bestreuen.

Für 4 Personen

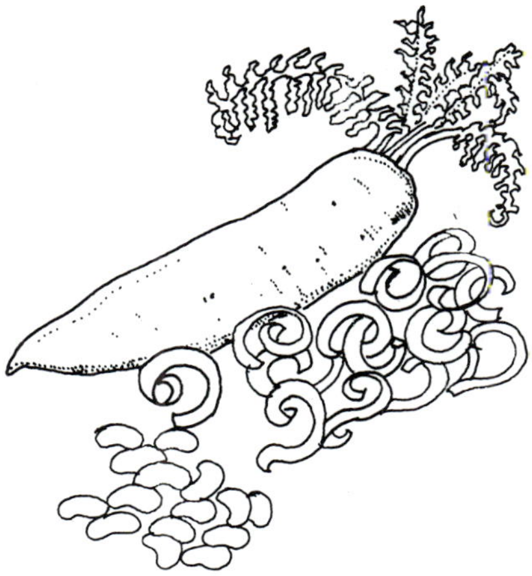

Reis- und Nudelgerichte

Hiyashi Somen
Eisgekühlte Nudeln

450 g Fadennudeln aus Weizenmehl (Somen)
450 ml japanische Brühe (Seite 12)
120 ml helle Sojasauce
4 EL Reiswein
1 EL Zucker
Garnierung:
einige Eiswürfel
einige kleine Tomaten, geviertelt
einige Frühlingszwiebeln, geschnitten

Die Nudeln in kochendem Wasser „al dente" kochen. Abtropfen lassen und unter fließendem kalten Wasser abkühlen. Erneut gut abtropfen lassen und kaltstellen.

Brühe, Sojasauce, Wein und Zucker in einer Kasserolle aufkochen. 2 Minuten köcheln lassen, vom Feuer nehmen und abkühlen lassen. In Portionsschüsseln geben und kaltstellen.

Die Nudeln mit Eiswürfeln, Tomatenvierteln und Frühlingszwiebeln garnieren. Die kalte Sauce getrennt reichen.
Für 4 Personen

Tsukimi Udon
Nudeln mit Brühe

450 g Bandnudeln (Udon)
900 ml japanische Brühe (Seite 12)
1 EL Zucker
1½ TL Salz
1 EL helle Sojasauce
4 Eier
Garnierung:
2 Frühlingszwiebeln, geschnitten
1 Stück Purpurtang, etwa 13 cm im Quadrat, geröstet, in dünnen Streifen

Die Nudeln in kochendes Wasser geben und aufkochen. 250 ml kaltes Wasser hinzufügen und erneut aufkochen. Weitere 10 bis 12 Minuten kochen, bis die Nudeln „al dente" sind. Abtropfen lassen und unter fließendem Wasser abspülen. Erneut abtropfen lassen.

Brühe, Zucker, Salz und Sojasauce in einer Kasserolle aufkochen. Nudeln dazugeben und unter Rühren stark erhitzen. In vorgewärmte Portionsschüsseln geben und je ein Ei hineinschlagen. Zudecken, damit die Eier von der Brühe erhitzt werden.

Mit Frühlingszwiebeln und Purpurtangstreifen garnieren und heiß servieren.
Für 4 Personen

Hiyashi Somen; Tsukimi Udon

Sekihan
Gedämpfter Reis mit Bohnen

200 g gesüßte rote Bohnen (Azuki), abgespült
750 g klebender, süßer Reis (Mochigome), gewaschen und abgetropft
1 TL schwarze Sesamsamen
2 TL Salz

Die Bohnen in eine Kasserolle geben, mit Wasser bedecken und aufkochen. Abtropfen lassen und Kochflüssigkeit weggießen. Mit frischem Wasser erneut aufkochen. Zudecken und etwa 40 Minuten köcheln lassen. Abtropfen lassen und die Kochflüssigkeit aufheben.

Die Kochflüssigkeit über den Reis geben und über Nacht den Reis eine rosa Farbe annehmen lassen.

Den Reis abtropfen lassen und mit den Bohnen vorsichtig vermischen. Den Einsatz eines Kochtopfes mit Tuch auslegen und die Reismischung hineingeben. Glattstreichen und mit der Gabel einige Löcher in den Reis stechen. Etwa 50 Minuten dämpfen oder bis der Reis weich ist. Hin und wieder mit einer Gabel lockern und mit Bohnenkochflüssigkeit beträufeln.

Sesamsamen mit Salz vermischen und über Reis und Bohnen geben. Warm oder lauwarm servieren.
Für 8 bis 10 Personen

Sushi
Gesäuerter Reis

575 g Reis, mittelgroße Körner, oder Milchreis
750 ml Wasser
6 EL Reisessig
4½ EL Zucker
2 TL Salz
1 TL Glutamat (nach Wunsch)
1 bis 2 EL geröstete Sesamsamen zum Garnieren

Den Reis gründlich unter fließendem Wasser waschen, bis das ablaufende Wasser klar ist. In einem Sieb etwa 20 Minuten abtropfen lassen.

Den Reis in einen schweren Topf geben, das Wasser dazuschütten und aufkochen. Auf kleinste Hitze schalten und gut 15 Minuten köcheln lassen. Vom Feuer nehmen und zugedeckt noch 20 Minuten ruhen lassen.

Inzwischen Essig, Zucker, Salz und Glutamat in einer Kasserolle unter Rühren erhitzen, bis sich der Zucker aufgelöst hat. Zur Seite stellen.

Den Reis mit einer Gabel lockern und in eine Schüssel geben. Sauce darübergießen und leicht unterheben. Mit Sesamsamen bestreuen. Warm oder kalt servieren.
Für 4 bis 6 Personen

Reissalat

625 g gedämpfter Reis (siehe rechts)
etwa 400 g Bohnensprossen aus der Dose, abgetropft
2 Stangen Sellerie, schräg in Streifen geschnitten
½ grüne Paprikaschote, entkernt und gewürfelt
150 g Wasserkastanien aus der Dose, abgetropft und in Scheiben
450 g Krabben, gekocht, geschält und feingehackt
4 EL gewürzter Reisessig
4 EL Öl
4 EL helle Sojasauce
2 Frühlingszwiebeln, dünn geschnitten

Den abgekühlten Reis zusammen mit Bohnensprossen, Sellerie, Paprika, Wasserkastanien und Krabben in eine Schüssel geben und alles vorsichtig miteinander vermischen. Zudecken und 30 Minuten durchziehen lassen.

Essig, Öl und Sojasauce zu einer Sauce anrühren und unter den Salat heben. Frühlingszwiebeln dazugeben und leicht vermischen.
Für 6 Personen

Nigiri Zushi
Reisbällchen mit Füllung

1 EL Reisessig
575 g gesäuerter Reis (siehe links)
1 EL grüner Meerrettich (Wasabi), mit Wasser zu einer Paste angerührt
30 dünne Scheiben frischer Thunfisch oder Seebarsch
Petersilienzweige zum Garnieren

Die Hände mit ein wenig Essig befeuchten. Je 2 EL Reis mit den Händen zu einem Oval kneten. Flachdrücken, ein wenig Meerrettich hineingeben und ein Stück Fisch darauf legen.

Auf einer Platte arrangieren und mit Petersilienzweigen garnieren. Helle Sojasauce zum Dippen reichen.
Ergibt 30 Portionen

Gohan
Gedämpfter Reis

575 g Reis, mittelgroße Körner, oder Milchreis
750 ml Wasser

Den Reis unter fließendem Wasser waschen, bis das ablaufende Wasser klar ist. In einem Sieb etwa 20 Minuten abtropfen lassen.

Den Reis in einen schweren Topf geben, das Wasser dazuschütten und aufkochen. Auf kleinste Hitze schalten und gut 20 Minuten köcheln lassen oder bis alles Wasser aufgesogen ist. Auf größte Hitze schalten und noch 20 Sekunden kochen. Vom Feuer nehmen und zugedeckt noch 10 Minuten ruhen lassen.

Mit einer Gabel lockern und heiß auftragen.
Für 4 bis 6 Personen

Reis mit Kastanien

675 g Reis, mittelgroße Körner, oder Milchreis
1 l Wasser
2 EL helle Sojasauce
1 1/4 TL Reiswein
1/2 TL Salz
24 Eßkastanien, geschält

Den Reis gründlich unter fließendem Wasser waschen, bis das ablaufende Wasser klar ist. In einem Sieb etwa 20 Minuten abtropfen lassen.

Den Reis in einen schweren Topf geben und die restlichen Zutaten hinzufügen. Zudecken und aufkochen. Auf kleinste Hitze schalten und gut 20 Minuten köcheln lassen oder bis alles Wasser aufgesogen ist. Vom Feuer nehmen und zugedeckt noch 10 Minuten ruhen lassen.

Mit einer Gabel lockern und heiß auftragen.
Für 6 Personen

Gebackener Reis

1 EL Öl
1 mittelgroße Zwiebel, feingehackt
1 kleine Paprikaschote, entkernt und feingehackt
1 kleine Knoblauchzehe, zerdrückt
575 g gedämpfter Reis (siehe links)
1 Ei, geschlagen
2 EL helle Sojasauce

Das Öl in einer großen Kasserolle erhitzen und darin Zwiebel, Paprika und Knoblauchzehe weichdünsten. Den Reis dazugeben und unter gelegentlichem Rühren durchwärmen. Ei und Sojasauce hinzufügen und unter Rühren 2 bis 3 Minuten braten oder bis das Ei gestockt ist.
Für 6 Personen

Desserts

Zenzai or Shiruko
Rote Bohnensuppe mit Reisbällchen

225 g gesüßte rote Bohnen (Azuki), abgetropft
1,5 l Wasser
275 g Zucker
½ TL Salz
½ Packung klebriges, süßes Reismehl

Bohnen und Wasser in einem Topf aufkochen und etwa 2 Stunden köcheln lassen oder bis die Bohnen weich sind.

Mit frischem Wasser bis zur ursprünglichen Füllmenge aufgießen und Zucker und Salz unterrühren. Unter gelegentlichem Rühren weitere 10 Minuten köcheln lassen.

Inzwischen Reismehl mit Wasser zu einem festen Teig verkneten. Die Hände befeuchten und aus dem Teig murmelgroße Bällchen formen. Mit dem Daumen eine Mulde in die Bällchen drücken.

Die Bohnensuppe aufwallen lassen und die Bällchen darin kochen, bis sie an die Oberfläche steigen. Heiß auftragen.
Für 4 Personen

Momo No Kanten
Pfirsichdessert

1 langes Stück Speisestärke aus Meeresalgen (Kanten), ersatzweise Agar-Agar
450 ml Wasser
350 g Zucker
120 ml frisches Pfirsichmark oder Fruchtfleisch
Saft einer ½ Zitrone
2 Eiweiß, steifgeschlagen

Speisestärke in eine Kasserolle geben, Wasser hinzufügen und 20 bis 30 Minuten weichen lassen. Unter Rühren aufkochen, bis sich die Gelatine völlig aufgelöst hat. Den Zucker unterrühren, bis er sich ebenfalls aufgelöst hat. In eine Schüssel umfüllen, Pfirsichmark und Zitronensaft unterrühren und abkühlen lassen.

Die Eiweiß unterheben und die Masse in eine flache Form geben. Erkalten lassen und in Rautenform schneiden.
Ergibt 24 Stücke

Matcha Eiscreme
Tee-Eis

600 ml Vanilleeis, angetaut
1 EL pulverisierter grüner Tee

Eiscreme und Tee gut miteinander vermischen und erneut einfrieren. In Portionen servieren.
Für 4 Personen

Matcha Eiscreme; Momo No Kanten

Mandelcreme mit Aprikosensauce

1 EL Gelatinepulver, nach Anleitung aufgelöst
100 g Zucker
1 Prise Salz
2 Eier, getrennt
300 ml Milch
½ TL Mandelessenz
250 ml Creme Double
geröstete Mandelblättchen zum Garnieren
Sauce:
350 ml Aprikosensaft
100 g Zucker
1 TL Zitronensaft
75 g getrocknete Aprikosen, gehackt

Die aufgelöste Gelatine, die Hälfte des Zuckers, Salz, Eigelb und Milch in einem Topf unter Rühren langsam erhitzen, bis sich die Gelatine aufgelöst hat. Vom Feuer nehmen und die Mandelessenz untermengen. Abkühlen, bis die Masse fest zu werden beginnt.

Die Eiweiß steifschlagen, den Zucker unterheben und weiterschlagen, bis die Masse fest ist. Creme Double steifschlagen und zusammen mit dem Eischnee unter die Mandelcreme rühren. In 8 Dessertschalen geben und darin fest werden lassen.

Alle Zutaten für die Sauce in eine Kasserolle geben und 20 bis 25 Minuten köcheln lassen oder bis die Aprikosen weich sind. Abkühlen lassen.

Über die Mandelcreme geben und mit Mandelblättchen garnieren.
Für 8 Personen

Yokan
Kuchen aus roten Bohnen

425 g Kidney Bohnen naturell, abgetropft
450 g Zucker
2 EL Salz
1 langes Stück Speisestärke aus Meeresalgen (Kanten), ersatzweise Agar-Agar
450 ml Wasser
1 Eiweiß
2 EL rote Johannisbeermarmelade

Die Bohnen im Mixer pürieren oder durch ein Sieb streichen. Die Masse mit der Hälfte des Zuckers und Salz vermischen und rühren, bis sich der Zucker aufgelöst hat.

Die Speisestärke in eine Kasserolle geben, Wasser hinzufügen und 20 bis 30 Minuten weichen lassen. Unter Rühren aufkochen, bis sich die Gelatine völlig aufgelöst hat. Den restlichen Zucker unterrühren, bis er sich ebenfalls aufgelöst hat. Überschüssige Flüssigkeit abseihen und die Masse wieder in die Kasserolle geben. Bohnenpaste, Eiweiß und Marmelade hinzufügen und unter Rühren bei schwacher Hitze einkochen lassen. In einer flachen Form erkalten lassen und in Rechtecke schneiden. Vor dem Servieren kühl stellen.

Tofu-Eiscreme
Eiscreme aus Sojabohnenquark

500 g Sojabohnenquark (Tofu)
3 EL Honig
¼ TL Vanilleessenz
1 Prise Salz

350 g Sojabohnenquark zusammen mit Honig, Salz und Vanilleessenz in einem Mixer etwa 1 Minute pürieren. In einen Eisbehälter füllen und über Nacht im Gefrierschrank fest werden lassen.

Den restlichen Sojabohnenquark pürieren, bis er sahnig ist. Das gefrorene Eis in Stücke brechen, nacheinander an das Sojabohnenquarkpüree geben und bei hoher Geschwindigkeit im Mixer vermischen. Das fertige Eis sollte dick und sahnig sein.
Für 4 Personen

Kasutera
Biskuitkuchen

5 Eier
150 g Zucker
75 g Honig
75 g Mehl
¾ TL Backpulver
2 EL Kristallzucker

Die Eier in einer Schüssel schaumig rühren und Zucker und Honig unterheben. Mit einem Handmixer zu einem dünnflüssigen Teig verarbeiten.

Mehl und Backpulver unterrühren und die Masse in eine eingefettete und bemehlte Springform geben. Im vorgeheizten Rohr bei 180°C 30 Minuten backen. In der Form 10 Minuten abkühlen lassen, auf einen Rost stürzen und völlig erkalten lassen. Mit Kristallzucker bestreuen und in Stücke schneiden.

Rote Bohnen-Knödel

450 g Zucker
250 ml Wasser
350 g Mehl
1 TL pulverisierter grüner Tee
425 g Kidney Bohnen naturell, abgetropft
2 EL Salz

Die Hälfte des Zuckers in einer Schüssel mit dem Wasser verrühren, bis sich der Zucker aufgelöst hat. Mehl und Teepulver unter Rühren dazugeben, bis ein glatter Teig entsteht.

Die Bohnen pürieren oder durch ein Sieb passieren. Salz und restlichen Zucker untermengen.

Den Teig in Portionen teilen und jede Portion zu einem runden Fladen formen. Mit einem Teelöffel aus der Bohnenpaste kleine Kugeln ausstechen und diese in die Mitte der Fladen geben. Den Teig übereinander schlagen und fest verschließen. Die Knödel in einem Tuch über kochendem Wasser 15 Minuten dämpfen.

Tofu-Frucht-Sahne
Sojabohnenquark-Frucht-Sahne

350 g Sojabohnenquark (Tofu), gefroren
225 g küchenfertige Erdbeeren, Pfirsiche oder Ananas
1 EL Honig
gehackte Nüsse

Sojabohnenquark in Stücke brechen und im Mixgerät mit Früchten und Honig zu einer Creme verarbeiten. Mit gehackten Nüssen bestreut servieren.

Apfel-Gelatine

2 Stück Speisestärke aus Meeresalgen (Kanten), ersatzweise Agar-Agar
450 ml Wasser
450 ml Apfelsaft
1 Prise Salz
½ Zitrone, in dünnen Scheiben
1 Prise getrocknete Pfefferminzblätter
frisches Obst wie Erdbeeren, Melonen oder Birnen, küchenfertig und zerteilt

Die Speisestärke in eine Kasserolle geben, mit dem Wasser und Apfelsaft übergießen und Salz, Zitronenscheiben und Pfefferminzblätter hinzufügen. Unter Rühren aufkochen und köcheln lassen, bis sich die Gelatine völlig aufgelöst hat.

In eine Schüssel umgießen und abkühlen lassen, dann das Obst unterheben. Gut gekühlt fest werden lassen.
Für 6 Personen

Glossar

Aburage – gebratener Sojabohnenkuchen
Agemono – frittierte Speisen
Aji-no-moto – Monosodium Glutamat
Azuki – gesüßte rote Bohnen, in der Dose

Bancha – grober grüner Tee
Beni-shoga – eingesalzener Ingwer

Daikon – großer, weißer Rettich
Dashi – Brühe aus Blattang und Blaufisch, auch pulverisiert erhältlich

Enokidake – Pilze mit langen dünnen Stielen und kleinen Köpfen

Gobo – japanische Schwarzwurzel
Goma – Sesamsamen
Gomo abura – Sesamsamenöl
Goma jio – gesalzene Sesamsamen
Gyoza – dünne Teigfladen

Hakusai – Sellerie oder Chinakohl
Harusame – Sojabohnennudeln (Glasnudeln)
Hashi – Eßstäbchen
Hijiki – Braunalgentang

Kabocha – Kürbis
Kamaboko – japanischer Fischkuchen
Kanten – Speisestärke aus Meeresalgen, wie **Agar-Agar**
Knpyo – getrockneter Kürbis
Karashi – Senf
Kasu – Reisweinhefe, in Würfeln
Katsuobushi – getrockneter Blaufisch
Kunigoshi – sahniger Sojabohnenquark
Kombu – getrockneter Blattang
Konnyaku – Kuchen aus Knollengewächsen

Maguro – Thunfisch
Matcha – pulverisierter grüner Tee
Matsutake – japanischer Pilz (ersatzweise Steinpilz)
Mirin – gesüßter Reiswein
Miso – Sojabohnenpaste
Miso akamiso – rote Sojabohnenpaste
Miso shiromiso – weiße Sojabohnenpaste
Mochigome – süßer Reis
Mochiko – süßes Reismehl
Moyashi – Bohnensprossen
Mushimono – gedämpfte Speisen

Napa – Sellerie oder Chinakohl
Nasu – Aubergine
Negi – grüne Zwiebel, Lauch
Nimono – gekochte Speisen
Nira – Frühlingszwiebel, Schnittlauch
Nori – getrockneter Seetang

Panko – Brotkrumen

Renkon – Lotuswurzel

Sake – Reiswein
Saifun – Mungbohnensprossen
Sansho – Gewürzblätter, auch pulverisiert als Japanischer Pfeffer erhältlich
Sashimi – roher Fisch
Satsumaimo – Süßkartoffel
Seri – japanische Petersilie
Shichimi – Siebenerlei-Gewürzpulver
Shiitake – japanischer Pilz, getrocknet
Shimeji – Austernpilz
Shiritaki – japanische Fadennudeln
Shoga – Ingwer
Shoyu – helle Sojasauce
Shungiku – eßbare Chrysanthemenblätter
Soba – Nudeln aus Buchweizenmehl
Somen – dünne Nudeln aus Weizenmehl
Su – Reisessig
Sudare – Bambusmatte
Sunomono – gesäuerte Speisen
Sushi – gesäuerter Reis

Takenoko – Bambusschößling
Tofu – Sojabohnenquark
Tonkatsusauce – dicke, braune Sauce

Udon – breite Nudeln, Bandnudeln

Wakame – getrocknete, gekräuselte Seetangfasern
Wasabi – grüner Meerrettich, konserviert oder pulverisiert

Yakidofu – gebackener Sojabohnenkäse
Yakimono – gebratene Speisen
Yuzu – Zitrone

Stichwortregister

Die Herausgeber danken folgenden Fotografen für ihre freundliche Unterstützung: Robert Golden: Seite 11; 14; 26; 39; 51; 54 und 58. Paul Williams: Seite 46. Illustrationen von Susan Neale.

Die Rezepte in diesem Buch wurden von folgenden Firmen beigesteuert: Japan Trade Center, New York; Hotel Okura, Tokio; Shinbashi Restaurant, New York; Marukan Rice Vinegar; US Rice Council; US National Marine Fisheries Service; Bird's Eye Frozen Foods; US National Live Stock and Meat Board; Sunkist Growers; Japan Air Lines.